Klaas Hendrikse
Glauben an einen Gott, den es nicht gibt

T0161719

T V Z

Klaas Hendrikse

Glauben an einen Gott, den es nicht gibt

Manifest eines atheistischen Pfarrers

Aus dem Niederländischen übertragen
von Gabrielle Zangger-Derron

T V Z
Theologischer Verlag Zürich

Publiziert mit freundlicher Unterstützung der Dutch Foundation for Literature

N ederlands
N letterenfonds
dutch foundation
for literature

Niederländische Originalausgabe © 2007 Klaas Hendrikse,
unter dem Titel «Geloven in een God die niet bestaat. Manifest van een atheïstische
dominee» erschienen bei Nieuw Amsterdam Uitgevers

Bibliografische Informationen der Deutschen Nationalbibliothek
Die Deutsche Nationalbibliothek verzeichnet diese Publikation in der Deutschen
Nationalbibliografie; detaillierte bibliografische Daten sind im Internet über
http://dnb.d-nb.de abrufbar.

Bibelzitate, wenn nichts anderes vermerkt, nach: Zürcher Bibel (2007)
© 2007 Zürcher Bibel/Theologischer Verlag Zürich

Umschlaggestaltung
Simone Ackermann, Zürich, unter Verwendung einer Foto von Mark van den Brink

Druck
ROSCH BUCH GmbH, Scheßlitz

ISBN 978-3-290-17663-1
© 2013 Theologischer Verlag Zürich
www.tvz-verlag.ch

Inhaltsverzeichnis

2. Glauben nach dem Komma

3. Atheist und Pfarrer: Wie geht das?

4. Hat die Kirche noch eine Zukunft?

Dieser Gott, den wir benennen, den wir uns präzis und plastisch vorstellen, dessen Existenz wir problemlos bejahen, ist kein Gott, sondern ein Abgott …

Cornelis Verhoeven, Rondom de leegte

Vorwort zur deutschen Ausgabe

Mein erstes Buch, »Geloven in een God die niet bestaat. Manifest van een atheïstische dominee« (2007), verursachte gleich beträchtlichen Aufruhr: Monatelang wurde über das Buch und die Reaktionen darauf in Radio, Fernsehen und Zeitungen berichtet und diskutiert. Und die erste Auflage war bereits am Erscheinungstag ausverkauft.

Die Meinungen waren und sind geteilt: Während die einen mich als falschen Propheten sehen, der die christliche Tradition schlechtmache und nicht in den Kirchendienst gehöre, preisen andere mich dafür, dass ich sage, was viele denken und an einer Kirche baue, in dem sich »atheistische Gläubige wohl und zu Hause fühlen können«.

Auch meine Kirche, die Protestantische Kirche der Niederlande (PKN), tat sich schwer mit mir und meinem Buch. Ich hatte sozusagen kaum die Feder aus der Hand gelegt, als sich die Proteste der Kirchenleitenden bereits überstürzten, die mein Buch für nicht tolerierbar und mich für nicht mehr tragbar erklärten.

2008 leitete die PKN ein Amtsenthebungsverfahren gegen mich ein, das im Sande verlief, weil meine Gemeinden Middelburg und Zierikzee sich vorbehaltlos hinter mich stellten und sich tapfer gegen meine Entlassung wehrten.

Nun liegt mein Buch in 16. Auflage und in französischer und bald auch deutscher Übersetzung vor, und die Kirchgemeinden Middelburg und Zierikzee prosperieren – nicht zuletzt dank der Aufmerksamkeit, die ich mit meinem Buch erregt habe: Viele Menschen besuchen unsere Gottesdienste, weil sie neugierig sind, wie sich der Gottesdienst eines atheistischen Pfarrers gestaltet.

Bis heute erhalte ich Briefe und E-Mails von Menschen, die mir schreiben, wie sehr ihnen mein Buch geholfen habe, anders, freier glauben zu lernen, glauben zu können, ohne den Intellekt ausschalten zu müssen: »Sie haben einen Kampf in Worte gefasst, der mich seit vielen Jahren beschäftigt.« »Im Laufe der Jahre fiel es mir immer schwerer zu glauben, was in der Kirche von Gott gesagt wird. In Ihrem Buch habe ich endlich einen Pfarrer gefunden, der meine Zweifel und Fragen ernstnimmt.«

Ich freue mich darüber, dass nun eine deutsche Übersetzung meines Buchs vorliegt, die es mir ermöglicht, auch mit deutschsprachigen Leserinnen und Lesern in die Diskussion darüber einzutreten, dass es Gott nicht gibt, dass Gott aber geschehen kann und mit uns geht, wenn wir uns auf den Weg wagen.

Middelburg, im Oktober 2012   Klaas Hendrikse

Ein Wort über mich

Pfarrer zu werden, wurde mir nicht in die Wiege gelegt. Ich wurde 1947 geboren als Sohn eines atheistischen Vaters und einer Mutter, die sich allmählich in die gleiche Richtung verirrte. Mein Vater war Tierarzt in Groot-Ammers, einem Dorf, in dem man damals vor dem Pfarrer noch den Hut oder die Mütze abnahm. Groot-Ammers liegt im Alblasserwaard, einer Gegend, in der bis auf den heutigen Tag das Wort Gottes noch unverfälscht verkündigt wird.

Letzteres allerdings habe ich in meiner Jugend nie vernommen, denn meine Erziehung war streng atheistisch. Erst als ich dreiundzwanzig war, nahm ich zum ersten Mal an einem Gottesdienst teil, und der war nicht besonders ermunternd. So wenig wie ein Besuch im Pfarrhaus, den ich als ungefähr Achtjähriger auf Verlangen meines Vaters machen musste, um mich wegen unanständigen Benehmens gegenüber dem Pfarrer zu entschuldigen. Ich kann die Szene nicht mehr genau rekonstruieren, aber ich vermute, dass die traumatischen zehn Minuten, die ich dort verbrachte, in nicht geringem Mass zu dem eigenartigen Unbehagen beigetragen haben, das mich seither beim Wort «Kirche» befällt. Ich bin unterdessen seit mehr als zwanzig Jahren Pfarrer, aber noch immer geschieht es bisweilen, dass ich morgens aufwache, mit einem Bein aus dem Bett steige, feststelle, dass ich Pfarrer bin, und vor Verwunderung wieder in die Kissen sinke: Ich? Ein Pfarrer? Ein Leben kann merkwürdig verlaufen, oder, wenn man so will (aber so würde ich's nicht sagen): Die Wege des Herrn sind unerforschlich.

Als Kind wurde mir erklärt, dass es Gott nicht gibt und dass Glaube und Zur-Kirche-Gehen etwas für andere ist. Bei Eltern von Klassenkameraden und auch in meiner eigenen Verwandtschaft konnte ich spüren, was bei den anderen anders war: Sie taten so, als ob es Gott doch gäbe. Später, wenn ich jeweils die Rechnungen unserer Tierarztpraxis austrug, begegnete mir dieses Anders-Sein bei den Bauern und Bäuerinnen. Ich sah, wie sie lebten, in Verhältnissen, die wir heute als «unter dem Durchschnitt» bezeichnen würden, wie sie mit Einschränkungen umgingen, mit Erfolg und Misserfolg, miteinander. Sie schienen mir über etwas zu verfügen, was man in meinen Kreisen nicht kannte: eine Fähigkeit, das Leben so anzunehmen, wie es war, nicht als etwas Selbstverständliches, sondern als etwas von irgendwoher «Gegebenes», und es sah so aus, als wären ihnen damit auch Halt und Ermutigung mitgegeben, um hinzunehmen, was für sie bestimmt oder «verfügt» war.

Besser konnte ich das damals und kann ich es noch heute nicht ausdrücken. Aber es hat mich berührt und meine Neugier geweckt. Wenn es stimmte, dass diese Leute, wie man mich gelehrt hatte, an einen Gott glaubten, den es gar nicht gab, warum taten sie dann so, als ob es Gott doch gäbe? Mir war damals schon klar, dass man diese Frage nicht mit der einfachen Antwort abtun konnte: Sie lassen sich eben etwas weismachen, was samt und sonders Unsinn ist.

Ich absolvierte den Militärdienst, studierte, trat ins Berufsleben. Ich hatte weder Lust noch Zeit noch das Bedürfnis, mich mit geistlichen Dingen zu befassen, und schon gar nicht mit Gott. Erst nachdem ich geheiratet hatte und einigermassen «etabliert» war, kam jene Frage zurück: Was ist denn so anders bei den anderen? Und wenn es diesen Gott, an den sie glauben, gar nicht gibt, was kann dieser Gott dann doch bewirken?

Um es kurz zu machen: Ich studierte Theologie. Ich habe viel dabei gelernt, vor allem über das, was ich jetzt «Nicht-Gott» nenne. Besonders das Fach Dogmatik hat wesentlich dazu beigetragen, mich in meinem Atheismus zu bestärken. Unter solchen Umständen schien freilich alles andere als ein Pfarramt in Aussicht zu stehen.

In den letzten Studienjahren besuchte ich dann einige Veranstaltungen über «Psychosynthese und Religion» bei Dolf Coppes.[1] Da ging mir ein

---

[1] Adolf Robert Coppes (1925–2001), niederländischer katholischer Pfarrer; Mitglied und Mitbegründer der Partij Politieke Radicalen, der er zeitweise präsidierte; Mitglied des Parlaments von 1972 bis 1977; 1966 richtete er den Telefondienst Stichting Korrelatie für soziale und psychologische Beratung ein; 1965 gründete er CLAT-Nederland, eine Solidaritätsbewegung für Lateinamerika.

14

Licht auf, das seither nie mehr erloschen ist: Es ist doch möglich, man kann ein gläubiger Mensch, sogar ein Christ sein, ohne glauben zu müssen, dass es Gott gibt.

Ich begeisterte mich für das Pfarramt, bezweifelte aber, dass sich Gemeinden fänden, denen meine Überzeugung nicht zu weit ging. Es stellte sich heraus, dass es solche gab, in Zeeland noch immer gibt. Der Ehrlichkeit halber muss ich sagen, dass ich jeweils im Vorstellungsgespräch die Frage, ob es Gott gibt, von meiner Seite her nicht aufgeworfen habe, und von der anderen Seite wurde sie auch nicht gestellt, vermutlich, weil man die Antwort als bekannt voraussetzte. Ich beliess es dabei, und so wurde ich Pfarrer, zuerst in Zierikzee, dann in Middelburg.

Dort liess ich dann an einem Gemeindeabend einen ersten Versuchsballon steigen mit der Behauptung, der Glaube der meisten Menschen beruhe auf der Überzeugung, dass es einen Gott gibt; mein Glaube beruhe auf der Überzeugung, dass es diesen Gott nicht gibt. Das war zwar ein Anfängerfehler, der mich beinahe meine Stelle gekostet hat (der Pfarrer glaubt nicht an Gott!), dafür aber eine korrekt formulierte atheistische Behauptung: Ich behauptete, nicht zu glauben an einen Gott, von dem andere behaupten, dass es ihn gebe. Das ist genau das, was Atheisten tun oder tun müssten.

Ich stehe noch immer zu dieser Aussage, doch um Missverständnissen zuvorzukommen, formuliere ich sie heute anders. Ich sage: Der Ausdruck «es gibt» passt nicht zu dem, was ich Gott nenne. Damit drücke ich aus, dass (mein) Gott nicht unterzubringen ist in der Kategorie jener Dinge, von denen gesagt werden kann, dass es sie gibt. Darauf wird meistens etwas weniger schockiert reagiert, aber es kommt auf dasselbe heraus: Gott gibt es nicht. Die Erfahrung aber hat mich inzwischen gelehrt, hinterher sofort zu sagen, dass ich dennoch an Gott glaube, und das kann nicht oft genug wiederholt werden, hiermit einmal mehr!

Atheist und Pfarrer, geht das zusammen?

Auf den ersten Blick ist das eine unmögliche Kombination, denn ein Atheist glaubt nicht, dass es Gott gibt, ein Pfarrer dagegen schon. Bei näherer Betrachtung ist die Sache aber etwas komplizierter: Es gibt Atheisten *und* Atheisten, und es gibt Pfarrer *und* Pfarrer.

Eine erste Beobachtung: Was ist ein Atheist? Ein Atheist glaubt nicht, dass es Gott gibt. Er glaubt also etwas *nicht*, nämlich dass es Gott gibt. Oder er glaubt etwas *sehr wohl*, nämlich dass es Gott nicht gibt. Für mich ist das gehupft wie gesprungen; weil aber viele Atheisten schon Juckreiz kriegen beim blossen Gedanken, dass sie eigentlich doch etwas glauben, lasse ich das.

Und was ist ein Pfarrer? Ist das einer, der glaubt, dass es Gott gibt? Das möchte man von einem Theologen wohl erwarten, und es mag ja Pfarrer geben, die das von sich sagen; ich vermute aber, dass die meisten auf die Frage: Glaubst du, dass es Gott gibt?, nicht ohne weiteres ja sagen würden.[2] Und sie haben recht, denn ein Ja würde bedeuten, dass sie an etwas glauben, was es gibt. Von Gott aber kann man vieles sagen, jedoch nicht, dass es ihn gibt. Jeder Pfarrer, der damit einverstanden ist, ist also eigentlich Atheist; der Erste aber, der sich auch als solchen bezeichnen würde, muss mir noch begegnen.

Dass es Gott nicht gibt, ist für einen Pfarrer eine gefährliche Aussage. Darum schreibe ich dieses Buch jetzt und nicht erst – wie ich ursprünglich dachte – nach meiner Pensionierung.[3] Ich will hinterher nicht sagen hören, ich hätte gut reden, da man mich ja nicht mehr aus dem Kirchendienst ausschliessen könne.

Natürlich hoffe ich, dass sich viele Pfarrer und Gläubige nach der Lektüre dieses Buches zum Atheismus bekehren, und andersherum (obwohl ich mir in dieser Richtung weniger Illusionen mache), dass viele Atheisten anfangen, an Gott zu glauben, und dass wenigstens einige von ihnen

---

[2] Diese Vermutung wurde inzwischen bestätigt: Laut einer IKON-Untersuchung von 2006 ist einer von sechs Pfarrern nicht (mehr) überzeugt von der Existenz Gottes. (IKON: Interkerkelijke Omroep Nederland [«Interkirchliche Rundfunkanstalt»]; konfessioneller öffentlich-rechtlicher Rundfunksender)

[3] Die erste Auflage von *Geloven in een God die niet bestaat* erschien 2007. Klaas Hendrikse ist seit Mitte 2012 im Ruhestand.

Pfarrer werden. Der Schritt erscheint wechselseitig grösser als er in Wirklichkeit ist, denn Pfarrern und Atheisten ist eines gemeinsam: Sie wissen nicht, wer oder was Gott ist, und haben, wenn sie das zugeben, keine Existenzberechtigung mehr.

Dieses Buch wurde mit einem gewissen Schmunzeln geschrieben. Als einer, der mit Leib und Seele Pfarrer und Atheist ist, habe ich mich frei gefühlt, sowohl den Pfarrer als auch den Atheisten aufs Korn zu nehmen, und dies – ehrlich gesagt – mit Vergnügen. Ich hoffe, der Leser, die Leserin habe ebenso viel Spass daran und lerne vielleicht auch etwas dabei.

Ein spannendes Buch wird es nicht werden, denn das Ergebnis steht ja bereits fest: Ein Pfarrer kann Atheist sein und umgekehrt. Und wenn ich der Einzige wäre: Ich bin so einer – vielleicht eher ein atheistischer Prediger als ein predigender Atheist – aber immerhin!

Für wen schreibe ich?

Der Leser, den ich beim Schreiben stets vor Augen hatte, ist sich nicht so sicher. Er zweifelt oder glaubt überhaupt nicht (mehr) daran, dass es Gott gibt, und fragt sich, welchen Sinn es hat zu glauben, wenn es Gott nicht gibt. (Mancherlei Sinn, sage ich mal vorläufig.)

Innerhalb der Kirche sehe ich ihn als einen, der Woche für Woche erfährt, wie gross der Unterschied ist zwischen seinem eigenen Glaubensempfinden und der Selbstverständlichkeit, mit der die Kirche jedem, der sich fragt, ob es Gott gibt, den Mund stopft. Für ihn versteht sich das eben nicht mehr von selbst, und darin fühlt er sich nicht ernstgenommen; seine Fragen werden nicht beachtet oder umgangen.

Ausserhalb der Kirche sehe ich ihn als einen, der mit den Jahren der Kirche enttäuscht den Rücken gekehrt hat, jedoch nicht ungläubig geworden ist. Er hat bloss die Antworten hinter sich gelassen, die Fragen aber mitgenommen. Vielleicht versteht er sich selbst als «Etwasist»[4], glaubt er doch, dass es «etwas» gibt, das er aber nicht Gott nennt, weil er inzwischen

---

[4]   Niederl. *Ietsist, Ietsisme* von *iets* («etwas»).

allergisch reagiert auf das, was in den Kirchen unter diesem Wort verstanden wird.

Ausserhalb der Kirche sehe ich ihn auch als einen, der sich auf dem Markt der Religionen und Sinngebungen herumtreibt und versucht, sich sein eigenes «Glaubens-Paket» zusammenzustellen. Er möchte offen sein für etwas, was die alltägliche Oberflächlichkeit übersteigt, er ist unbefangen und vorurteilslos gegenüber dem Wort «Gott», in der Überzeugung, dass mit diesem Wort jeweils das gemeint sei, was er gerade sucht. Und ich sehe ihn überall suchen ausser in der Kirche, denn er weiss, dass er in einer Institution, die auf aktuelle Fragen mittelalterliche Antworten gibt, nichts finden wird.

Ich fühle mich als Bundesgenosse des zweifelnden Lesers, der ringt mit überholten Gottesvorstellungen, der sich verabschieden möchte von dem, was die Kirchen von Gott behaupten, aber nicht von seinem Glauben. Ich stehe auf der Seite derer, die in Nebel gehüllt werden von Theologen, die so tun, als ob es Gott gäbe oder – schlimmer noch – die Frage, ob es Gott gibt, als überholt oder irrelevant betrachten. Ich fühle mich verwandt mit jenen Sinnsuchern, die davon ausgehen, dass es etwas gibt, das mehr ist als das, was wir mit unseren Augen wahrnehmen können, die aber um das Wort «Gott» einen Bogen machen, solange es nicht vom kirchlichen Ballast befreit ist.

Kein schwieriges Buch

Dieses Buch ist ein Buch für ganz normale Menschen.

Diese Bemerkung soll auch als Kritik verstanden werden: Ich habe für die Arbeit an diesem Buch eine Menge Bücher in Händen gehabt und durchgeackert; sie waren nahezu ausnahmslos unlesbar für Nichttheologen. Das darf doch nicht so sein, denn wenn Gott je eine Absicht verfolgt haben sollte (was ich nicht glaube), dann gewiss nicht die, der Menschheit Rätsel aufzugeben, die nur von Theologen gelöst werden können.

Kein schwieriges Buch also. Für Liebhaber habe ich im Anhang eine Liste von «absichtlich vermiedenen» Fachausdrücken angefügt.

Kein christliches Buch

Um an Gott glauben zu können, ist Jesus an sich nicht nötig. Ich betrachte das Christentum als ein Gleis (neben anderen), auf das wir als Westeuropäer mehr oder weniger zufällig gestellt sind. Auf diesem Gleis zu stehen, verleugne ich nicht, ich relativiere es aber. Die kirchliche Fixierung auf Jesus betrachte ich als Irrtum, Jesus selbst war kein Christ. Ich bewundere ihn als einen besonderen Menschen, der auf seine Weise gezeigt und gelebt hat, was Gott ist, so wie es andere vor und nach ihm taten und noch immer tun. Ich hänge mehr an biblischer als an kirchlicher Überlieferung. Weil ich zufällig in den Niederlanden und nicht in Thailand geboren wurde, bin ich nicht auf den Gedanken gekommen, ein buddhistischer Mönch zu werden, sondern bin nun eben Pfarrer in einer protestantischen Kirche und sehe in der Bibel meine bevorzugte religiöse Inspirationsquelle.

Er und Sie

Was es nicht gibt, ist weder ein «er» noch eine «sie» noch ein «es». Wenn ich mit «er» auf Gott verweise, dann bloss, um gelegentlich nicht dreimal im gleichen Satz «Gott» sagen zu müssen. Auch wenn ich mich auf den Menschen beziehe, sage ich meistens «er». Ich hoffe, dass «sie» dafür Verständnis hat.

Eine Entschuldigung im Voraus

Was einst notierte Lesefrüchte waren, ist im Lauf der Jahre in meine eigene Ausdrucksweise eingegangen. Es ist daher nicht ausgeschlossen, dass da jemandem etwas entgegenkommt, was von ihm stammt, ohne dass er als Quelle genannt wird; er möge es als Kompliment nehmen.

Ein Wort zum Inhalt

Ich glaube nicht, dass es Gott gibt; ich glaube aber an Gott.

Dass es Gott nicht gibt, ist für mich kein Hindernis, sondern eine Voraussetzung für den Glauben an Gott. Ich bin ein gläubiger Atheist.

Im 1. Kapitel gehe ich näher auf den Begriff «Atheismus» ein, versuche die nebulösen Vorstellungen von «Existenz» etwas zu klären, wobei ich mich auch ziemlich ereifere über Kollegen, die behaupten, die Existenz Gottes spiele gar keine Rolle. Mit der Bibel in der Hand sage ich mit den Atheisten: Gott gibt es nicht, und wende ich mich zugleich gegen die Kirche, indem ich behaupte, dass, was sie «Gott» nennt, auf einem historischen Missverständnis beruht: Diesen Gott hat es nie gegeben. Die Tatsache, dass sich der Glaube an einen allmächtigen Gott auf ein wackeliges biblisches Fundament stützt, war bis gegen Ende des Mittelalters ein von der Kirche wohlgehütetes Geheimnis. Mit dem Aufkommen der Wissenschaften wurde er immer unhaltbarer. Heutzutage ist ein solcher Glaube meines Erachtens der Katalysator der Entkirchlichung: Wenn sich die Leute nicht mehr ernstgenommen fühlen, laufen sie der Kirche davon.

Im 2. Kapitel geht es um das, was «glauben» heisst. Das hat mehr mit dem Leben als mit der Religion zu tun. Die ursprüngliche Bedeutung von «glauben» ist «vertrauen». Man vertraut, genauso wie man lebt: aufgrund von Erfahrungen, die man gemacht hat. Gott *kann* das Wort sein, mit dem man eine Erfahrung bezeichnet, muss es aber nicht. Mit der Bibel bezeichne ich Gott als «das, was Menschen, die unterwegs sind, begleitet». Darum sage ich nicht, dass es Gott «gibt», sondern dass er sich ereignet oder sich ereignen kann. Dazu braucht es Menschen, ohne Menschen ist Gott nirgends.

Das 3. Kapitel gibt Antwort auf oft gestellte Fragen: Was hat ein Pfarrer, der nicht glaubt, dass es Gott gibt, in der Kirche zu suchen? Und wie schaffst du das, Klaas Hendrikse, wie hältst du's mit der Tradition, der

Liturgie, dem Gebet? Und wie gehst du um mit Krankheit und Tod in deiner Gemeinde?

Im 4. Kapitel mache ich einen kleinen, nicht eben heiter stimmenden Rundgang durch die Kirche, um dann mit einem hoffnungsvollen Ausblick zu schliessen: Doch, es gibt noch eine Zukunft für die Kirche, dank dem Atheismus! Getragen von dieser Hoffnung entwerfe ich dann das Bild einer zukünftigen Kirche, von der ich träume.

1. Gott gibt es nicht –
   Womit Atheisten recht
   und womit sie nicht recht
   haben

Allem voran sei gesagt, dass ich mich nicht entschlossen habe, dieses Buch zu schreiben, um irgendjemanden zu überzeugen, dass es keinen Gott gibt. Ich bin unter Leuten aufgewachsen, die überzeugt waren, dass es Gott gibt, und die ihr Leben danach ausrichteten. An viele von ihnen denke ich mit Zuneigung und Respekt zurück. Und den gleichen Respekt bringe ich auch Leuten entgegen, die heute in der Überzeugung leben, dass es Gott gibt. Einverstanden bin ich mit ihnen natürlich nicht, denn ich bin überzeugt, dass es Gott nicht gibt.

Zwischen diesen beiden Standpunkten befindet sich, innerhalb und ausserhalb der Kirche, die grosse Mehrheit derer, die zweifeln. Die meisten von ihnen werden aufgewachsen sein mit der Idee, dass «an Gott glauben» mehr oder weniger automatisch auch bedeutet zu glauben, dass es Gott gibt. Meine Botschaft ist nicht, dass das nicht so sein kann, sondern dass es nicht so sein muss: Man braucht nicht zu glauben, dass es Gott gibt, um an Gott glauben zu können.

Was es nicht gibt, kann auch nicht schaden ...

Was meint jemand mit der Aussage: Gott gibt es (nicht) oder Gott existiert (nicht)? Das hängt in erster Linie vom Verständnis des Wortes «existieren» ab. Und das ist noch immer sehr verschwommen, vor allem unter Theologen, die es offensichtlich darauf anlegen, Deutlichkeit zu vermeiden. In diesem Kapitel spreche ich sie darauf an, nicht zuletzt deshalb, weil sie sich damit meines Erachtens um ihre Aufgabe drücken, die darin besteht, Fragen und Zweifel von Gläubigen ernstzunehmen und nach Möglichkeit Rede und Antwort zu stehen.

Mit einem verschwommenen, nebulösen Gottesbild ist auch der «Gegenpartei» nicht gedient, denn mit der Leugnung von Nebelschwaden ist man noch kein Atheist.

Von Nebeln umgeben ist auch der Begriff «Atheismus». Atheistische Aussagen über Gott und Glauben sind selten vernünftig, meist unsinnig, oft karikierend. Die Folge davon ist, dass nur wenige Leute sich selbst als Atheisten bezeichnen, obwohl es in Wirklichkeit viele sind. In diese Verwirrung versuche ich ein wenig Klarheit zu bringen.

Anschliessend werde ich zeigen, dass ein Atheist sich durchaus auf die Bibel berufen kann: Den Gott, von dem andere behaupten, dass es ihn gebe, gibt es nicht. Mehr noch: Die Idee, dass es Gott gibt, beruht auf einem historischen Missverständnis. Und auf einem biblischen Missverständnis: Gott gab es ursprünglich nicht. Was dazu führte, dass es ihn dann gab, hatten sich die Israeliten bei den Heiden «geliehen». Das Geliehene wurde nie zurückgegeben, und die Folge davon ist, dass das Christentum bis auf den heutigen Tag strotzt vor Heidentum.

Als die Kirche entstand, war der Gott Israels – ursprünglich einfach ein Gott unter Göttern – bereits der einzige und grösste geworden, der keine anderen Götter neben sich duldete. Diese Form von Diktatur nennt man Monotheismus: Es gibt nur einen Gott.

Unterdrückung aber ruft immer Widerstand hervor. Um der Autorität des Machthabers Nachdruck zu verschaffen, wurde Gott zum «Allmächtigen» ausgerufen. Damit hat sich die Kirche ihre eigene Grube gegraben, in die sie dann aber – da sie sich mittlerweile auch zu einer allmächtigen Institution erhoben hatte – erst viel später hineinfiel. Die heutige Entleerung der Kirchen hängt aufs Engste zusammen mit dem Abschied von einem Gottesbild, das die Kirche während Jahrhunderten wider besseres Wissen und mit allen Mitteln – wenn nötig mit Feuer und Schwert – aufrechterhalten hat.

Im 16. Jahrhundert entstanden die ersten Kratzer, und mit dem Aufkommen der Wissenschaften in den Jahrhunderten danach musste dieser Gott immer mehr Terrain preisgeben.

Zum Schluss des Kapitels werde ich darlegen, dass Glaube und Wissenschaft sich sehr wohl vertragen können, wenn beide Parteien sich an gewisse Spielregeln halten. Für die kirchliche Partei aber bedeutet das, dass sie auf den Begriff «Allmacht» verzichten muss, wenn sie in den heutigen Diskussionen um Evolutionstheorie und *intelligent design* noch ein ernstzunehmender Gesprächspartner sein will.

Zur Frage, ob es Gott gibt oder nicht

Ich denke, also bin ich.[1]

«Denn wer vor Gott treten will, muss glauben, dass er ist ...»,[2] so steht es im Brief an die Hebräer. Kürzer und knapper kann das Missverständnis nicht formuliert werden: Wenn man an Gott glaubt, glaubt man auch, dass es ihn gibt. Damit steht oder fällt der Glaube doch, denn wenn es Gott nicht gibt, wie soll man dann an ihn glauben können? Nein, damit fällt er bloss, denn wer behauptet, dass es Gott gibt, gerät in unlösbare Probleme. Man kommt nicht weiter, am Ende kann man nur sagen: «Es mag ja sein, dass es ihn gibt», oder: «Es mag ja sein, dass es ihn nicht gibt».

Aber Gott kann es unmöglich auf die gleiche Art geben, wie es einen Apfelkuchen gibt. Anders ausgedrückt: Gott fällt nicht in die Kategorie der Erscheinungen, von denen vernünftigerweise gesagt werden kann, dass es sie gibt. Einfacher und deutlicher gesagt: Gott gibt es nicht.

Jemand, der bestreitet, dass es Gott gibt, ist gewiss kein Gottesleugner. Eigentlich verhält es sich umgekehrt: Jemand, der behauptet, dass es Gott gibt, ist ein Gottesleugner. Denn gerade ein gläubiger Mensch ist sich bewusst, dass es Gott nicht gibt, so wie es in der wirklichen Welt andere Dinge oder andere Menschen gibt.

Ich denke, also denke ich, dass ich bin.[3]

---

[1]   René Descartes, Naturwissenschaftler und Philosoph (1596–1650): «Je pense, donc je suis», in: Discours de la Méthode, 1637.
[2]   Hebräer 11,6.
[3]   Frei nach Descartes.

Ich bin mir bewusst, dass es zwischen Gott und einem Apfelkuchen manches gibt, über dessen Existenz differenzierter gesprochen werden könnte. Von Atomen, Schallwellen, Schönheit, Glück, Leid, Illusionen und auch vom Geschmack eines Apfelkuchens wäre mehr zu sagen als einfach nur, dass es so etwas gibt oder nicht gibt.

Für mein Thema, Gott, ist das aber nicht relevant. Selbst wenn ich das Zugeständnis machte (ich mache es aber nicht), dass Gott «anders existiert» als ein Apfelkuchen, wäre das für mich nur ein Grund mehr, von Gott nicht zu sagen, dass es ihn gibt. Oder anders, an die Adresse der Theologen gesagt: Wenn «Gott anders existiert», dann nennt das auch anders und hört auf zu sagen, dass es Gott gibt.

Theologischen Diskussionen und Publikationen entnehme ich, dass viele meiner Kollegen mit mir einverstanden sind, dass Gott nicht existiert wie ein Apfelkuchen. Das zu sagen, ist aber für die meisten von ihnen scheinbar etwas anderes, als freiheraus zu sagen, dass es Gott nicht gibt. Da wird auf eine manchmal nicht mehr nachvollziehbare kreative Weise um den heissen Brei herumgeredet. Zum Beispiel: «Gott ist so gross, dass er nicht zu existieren braucht»,[4] oder: «Gott existiert im Ritual, für die Dauer des Gebets, ohne darüber hinaus zu existieren.»[5] Oder: «Gott existiert nicht, er ist.»[6] Oder: «Gott steht, versteht, aber besteht nicht.»[7]

Bei allem Respekt, für mich sind das Seifenblasen. Da wird die Existenz Gottes weder bestätigt noch bestritten, sondern in Nebel gehüllt. So ist der Theologe fein raus, kapiert Gott am Ende selbst nicht mehr, ob es ihn nun eigentlich gibt oder nicht, und begreift ein normaler Mensch überhaupt nichts mehr.

Wenn ich in einer beliebig zusammengesetzten Gesellschaft frage: «Wer glaubt, dass es Gott nicht gibt?», heben etwa zwanzig Prozent der Anwesenden die Hand. Wenn ich anschliessend frage: «Wer glaubt, dass

---

[4] Titel eines Buches von Gerrit Manenschijn, emeritierter Professor für Ethik (God is zo groot dat Hij niet hoeft te bestaan, Utrecht 2003).

[5] Mehrfach gehört.

[6] Mehrfach gehört.

[7] Anne van der Meiden, Theologe und emeritierter Professor für Kommunikation und Öffentlichkeitsarbeit, in der Zeitschrift *VolZin* vom 2. Januar 2004.

es Gott gibt?», sehe ich ungefähr gleich viele Hände hochgehen. Daraus schliesse ich, dass die meisten Leute wohl eher glauben, dass es Gott *nicht* gibt.[8] Das ist nicht, was ich eine solide Basis für eine religiöse Überzeugung nenne. Meines Erachtens zeigt sich hier, dass es zu Ende geht mit dem jahrhundertealten Missverständnis (das pure Heidentum), dass Gott irgendein Wesen sei, das es gibt. Von einem Wesen kann man das ja problemlos sagen. Die meisten Menschen aber glauben nicht mehr an ein solches Wesen, und damit fällt für sie auch die Voraussetzung für die Existenz Gottes weg. Eine Alternative aber haben sie nicht. Viel zu tun für die Theologie!

Blasphemie: Tun, als gäbe es Gott

Aus gewissen Reaktionen auf frühere Publikationen, in denen ich behauptet hatte, dass es Gott nicht gibt, ging hervor, dass eine solche Position von vielen als eine Blasphemie, die aus dem Innern der Kirche kam, empfunden wurde. Dass ich persönlich als Satan, Antichrist oder Wolf im Schafspelz tituliert wurde, weist jedenfalls in diese Richtung.

Ich bin damit natürlich nicht einverstanden. Ausserdem: Wenn es Gott nicht gibt, kann eine Blasphemie ja nicht viel Schaden anrichten. Doch ich möchte mit dem Wort «Blasphemie» lieber die Haltung derer bezeichnen, die so tun, als ob es Gott gäbe.

«Wenn es Gott nicht gibt, warum tun sie dann so, als ob es ihn wirklich gäbe?» So hat seinerzeit der kleine Junge im Alblasserwaard gefragt. Wenn ich mich heute in der Kirche umschaue und umhöre, kehrt die gleiche Frage noch immer unbeantwortet zurück.

---

[8] Ich will nicht ausschliessen, dass der verlockende respektive drohende Ton, in dem die Frage gestellt wurde, wie auch die Wahrscheinlichkeit, dass Rechtgläubige in einer von mir als «beliebig zusammengesetzt» bezeichneten Gesellschaft untervertreten sind, die Zuverlässigkeit des Ergebnisses, aus dem ich meine Schlüsse ziehe, beeinträchtigen könnten.

Immerhin, in der «Trouw»[9] las ich als Schlagzeile über einem Bericht von einer Pfarrerversammlung: «Man kann nur glauben, indem man so tut, als ob es Gott gäbe.» Einer der Redner, Rein Nauta,[10] stellte fest: «Glauben ist ein performativer Akt, eine Art Spiel, einer Theatervorstellung vergleichbar.» Damit ist auf jeden Fall die Frage beantwortet, warum die Leute lieber ins Theater gehen als in die Kirche. Mit der Aufforderung, zu tun, als ob es Gott gäbe, werden die Kirchgänger in den Wald geschickt oder hinters Licht geführt.

Als Reaktion auf meinen Plan, ein Buch zu schreiben, wurde mir noch und noch zu verstehen gegeben, dass «es nicht darauf ankomme, ob es Gott gibt oder nicht gibt». Aus dem Mund eines Theologen ist das, falls möglich, noch gotteslästerlicher als eine Blasphemie. Jemandem, der zweifelt, ist damit nicht geholfen, vielmehr wird er mit leeren Worten abgespeist. Oder ins Theater geschickt. Doch für ihn oder für sie bleibt die Frage wichtig, sogar entscheidend. Und das Mindeste, was die Leute von einem Theologen erwarten dürfen, ist, dass ihre Fragen und Zweifel ernstgenommen werden.

Alles in allem: Mit einem, der sagt: «Gott gibt es nicht», kann ich einen gemeinsamen Weg gehen; mit einem, der sagt: «Gott gibt es», kann ich zwar gemeinsam aufbrechen, aber dann trennen sich unsere Wege; mit einem, der sagt: «Es kommt nicht darauf an, ob es Gott gibt oder nicht», will ich schon gar nicht aufbrechen, der kann auf seinem Stuhl sitzen bleiben.

Es geht mir nicht darum, Kollegen anzugreifen. Ich sehe bloss, dass mit schöner Regelmässigkeit aus Untersuchungen hervorgeht, dass die meisten Leute sich nicht als nicht gläubig bezeichnen, wohl aber nicht kirchlich sind. Das bedeutet, dass es gar nicht so sehr um Unglauben geht, sondern eher um ein Befremden gegenüber dem, was in den Kirchen von

---

[9] *Trouw* (Niederländische Tageszeitung), 27. Januar 2007; Bericht über eine Versammlung der PKN-Pfarrer-Bewegung Op Goed Gerucht («Das gute Gerücht»); dogmenkritische Bewegung niederländischer Pfarrer der Protestantischen Kirchen in den Niederlanden (PKN).
[10] Rein Nauta, Professor für Religionspsychologie.

Gott gesagt wird. Offensichtlich wollen die Leute gar nicht von ihrem Glauben, sondern von diesem Gott Abschied nehmen.

In der Kirche wird unterdessen Gnade ausgeteilt («von Gott, unserem Vater»), wird gebetet («ewiger Gott, erhöre uns, gib uns ...»), wird gesegnet («der Herr segne euch ...») auf eine Art und Weise, die jeden Zweifel erstickt. Das ist so ungefähr die Situation, die wir haben: Innerhalb und ausserhalb der Kirche wird allenthalben an Gottes Existenz gezweifelt, die Kirche aber stellt sich stur und tut weiterhin so, als ob es Gott gäbe.

Die meisten Zweifler sind, auch wenn sie sich nicht so nennen, im Grunde genommen Atheisten. Weil sie dem vielleicht nicht sofort zustimmen, will ich zunächst einmal darlegen, was eigentlich unter Atheismus verstanden wird und was ich darunter verstehe.

Über Atheismus

Gott sei Dank bin ich Atheist.[11]

Was heisst Atheismus? Das Wort sagt es schon: Ein A-Theist ist ein Nicht-Theist oder ein Anti-Theist. Ein Theist ist einer, der in theistischer Manier an Gott glaubt als an ein personartiges Wesen, das über Eigenschaften verfügt wie Allmacht, Allwissenheit und Allgegenwärtigkeit. Atheismus ist daher an ein bestimmtes Umfeld gebunden: Neben oder gegenüber von nichttheistischen Religionen wie zum Beispiel dem Buddhismus oder dem Taoismus kommt er nicht vor.

Den Atheisten gibt es also nur dank dem Theisten, er bestreitet, was dieser behauptet, nämlich dass es Gott gibt. Er glaubt etwas nicht, was ein anderer sehr wohl glaubt, und ist daher eigentlich bloss ein «Widersprecher». Der Atheismus im ursprünglichen Sinn ist eine Verneinung, eine Nichtüberzeugung. Darum kann ein Atheist auch niemals recht haben, es kann höchstens geschehen, dass der andere nicht recht hat. Das klingt ein wenig nach «secondhand»[12], jedenfalls ist es nicht sehr originell. Die meisten Atheisten geben sich darum mit dieser Definition nicht zufrieden, denn sie möchten sich selbst lieber als eigenständige Denker verstehen, die aufgrund eigener Überlegungen zu einer atheistischen Position gelangt sind. Und es mag ja sein, dass einige selbständig auf die Idee gekommen sind zu behaupten, dass etwas, das nicht existiert, nicht existiert – was vielleicht originell ist, aber mit Denken nichts zu tun hat.

---

[11] Aufdruck auf einem T-Shirt.
[12] Begriff von Henri Bergson, jüdisch-französischer Philosoph (1859–1941): «Travail de seconde main» (Leçons clermontoises I. Logique, Méthode des sciences historiques, Leçon LXI du 6 février 1886, Paris 2003, 121).

Herman Philipse,[13] der Autor des «Atheistischen Manifests», der für viele die Inkarnation des heutigen Atheismus darstellt, nennt seinen Atheismus eine «ursprüngliche Weltanschauung». Damit nimmt er etwas in Anspruch, was nur solchen Menschen angemessen ist, die das Wort «Gott» noch nie vernommen haben und denen sich die Frage, auf die der Atheismus eine Antwort sein könnte, nie gestellt hat. Ich gönne Herrn Philipse seine «ursprüngliche Weltanschauung», aber wenn er das Atheismus nennt, dann nenne ich es «Bastard-Atheismus»: Ein Atheist bestreitet nur – und das ist nichts «Ursprüngliches».

Dass ein Atheist nicht mehr ist als ein Verneiner, verrät auch die Sprache. Gegenüber einer Vielzahl von Namen und Bezeichnungen von Glaubensrichtungen: Katholiken, Calvinisten, Lutheraner, Pantheisten, Schiiten, Sunniten, Methodisten, Zeugen Jehovas, liberale und evangelikale Protestanten – gibt es nur dieses eine Wort «Atheismus», und es bedeutet in allen Fällen, dass jemand an die Existenz dessen, was jene anderen «Gott» nennen, nicht glaubt, und es sagt in allen Fällen nichts aus über das, was dieser glaubt und wie er «die Welt anschaut». Ein Atheist kann deshalb, wie sich noch erweisen wird, durchaus ein gläubiger Mensch sein.

Die Verwirrung herrscht nicht erst seit heute. Für die alten Griechen waren die Juden Atheisten, weil sie nur an *einen* Gott glaubten. Die ersten Christen wurden von den Römern Atheisten genannt, weil sie keine Heiligtümer, keine Götterbilder und keine Opfer kannten. Im 16. Jahrhundert beschimpften sich Katholiken und Protestanten gegenseitig als Atheisten. Ein Blick auf den Verlauf der Geschichte zeigt deutlich genug, dass der Mensch immer dazu neigt, was er selbst nicht glaubt, als Unglauben oder Aberglauben zu betrachten. Damit werden wohl die meisten Atheisten und die meisten Gläubigen einverstanden sein.

Das Wort «Gott» hat nicht zu jeder Zeit und in jeder Situation die gleiche Bedeutung, und ein Atheist passt sich da jeweils brav an. Er leugnet ja nicht Gott, sondern eine bestimmte Auffassung oder ein bestimm-

---

[13] Herman Philipse, Philosophieprofessor, Atheïstisch manifest: Drie wijsgerige opstellen over godsdienst en moraal («Atheistisches Manifest. Drei philosophische Aufsätze über Religion und Moral»), Amsterdam 1995.

tes Bild von Gott. Atheisten hat es darum immer gegeben und wird es, solange es Religion gibt, auch immer geben.

Es gibt Atheisten *und* Atheisten

In unserem Land und in unserer überwiegend (post-)christlichen Kultur sind die meisten Atheisten eigentlich A-Christen (Nicht-Christen), das heisst, sie lehnen das christliche Gottesbild ab. Die Ablehnung kommt, entsprechend dem Milieu und dem Charakter des Betroffenen, verschieden daher und reicht von relativer Gleichgültigkeit – ist ja alles Unsinn – bis zu grosser Gereiztheit. Im letzteren Fall handelt es sich weniger um eine besonnene Ablehnung als um eine heftige Entzugserscheinung oder, zurückhaltender ausgedrückt, um eine nachträgerische Form des Atheismus: Da schwört einer dem Gott ab, der ihm einen Teil seines Lebens vergällt hat. Dieser Gott steht dann meist für alles, was seinerzeit erlaubt und (vor allem) nicht erlaubt war, besonders was den Sonntag betraf: Man lese dazu Maarten 't Hart.

Eine weniger grimmige, aber nicht minder giftige Position nehmen jene Leute – meist Gebildete – ein, die sich als intellektuelle oder philosophische Atheisten bezeichnen. Sie sind durch Nachdenken und vernünftiges Überlegen zum wohlerwogenen Schluss gekommen, dass Glaube und Vernunft nicht in Übereinstimmung gebracht werden können. Für sie ist Gott ein irrationaler Zusatz zur Realität. Diese «atheistische Elite» hat die Verunsicherung von Gläubigen zur Kunst erhoben und hat ihren Spass daran, Gläubige als Leute mit einem intellektuellen Defekt hinzustellen. Einige von ihnen kamen zu Wort in dem Buch «Leben ohne Gott»[14], unter ihnen Hans Crombag: «Ich beobachte Glauben und Aberglauben auch bei durchaus vernünftigen Leuten (...) die Woche hindurch gebrauchen sie ihr Hirn, am Sonntag, wenn sie zur Kirche gehen, lassen sie es

---

[14] Harm Visser, Leven zonder God, Elf interviews over ongeloof («Leben ohne Gott, Elf Interviews über Unglauben»), Amsterdam 2003.

zu Hause»,[15] und Matthijs van Boxsel: «Petrus und Johannes werden in der Apostelgeschichte tatsächlich Idioten genannt. Aber auch gewöhnliche Christen sind eigentlich Idioten.»[16]

Ich enthalte mich eines Kommentars. Es wird wohl an meiner Herkunft aus dem Alblasserwaard liegen, dass ich Mühe habe mit Leuten, die sich selbst für intellektuell halten; wo es um wesentliche Dinge ging, habe ich mehr gelernt von Bauern als von Professoren. Diese «intellektuelle Elite» erkennt man an ihrer Aggressivität, ihrer Selbstgefälligkeit, ihrem Rationalismus und ihrem auffallenden Mangel an gutem Humor.

Dem Ausdruck «religiöser Atheist» bin ich nur in der Literatur begegnet. Ich habe noch nie jemanden getroffen, der sich so nannte. Gut, dann bin ich eben der Erste: Ich glaube nicht, dass es Gott gibt, aber ich glaube dennoch an Gott.

Agnostiker und Etwasisten

Neben Gläubigen und Atheisten gibt es auch die sogenannten Agnostiker und die Etwasisten.

Ein Agnostiker (wörtlich: einer, der es nicht weiss) verzichtet auf eine Antwort auf die Frage, ob es Gott gibt; er lässt das offen. Er hält sich weder zum Gläubigen noch zum Atheisten, sondern lässt die Frage auf sich beruhen, oder einfacher gesagt, er weiss nicht oder weiss noch nicht. Die Atheisten halten wenig von ihm; sie finden, er kokettiere mit seiner Toleranz und seiner Besonnenheit, und werfen ihm Feigheit vor, weil er eine Entscheidung noch immer – und wahrscheinlich auf unbestimmte Zeit – verschiebt. Der Agnostiker gleicht einem, der den ganzen Tag im Badeanzug vom Rand des Schwimmbads aus den Schwimmern zuschaut, sich aber nicht entscheiden kann, ins Wasser zu springen, und am Ende

---

[15] Hans Crombag, emeritierter Professor für Psychologie, in: Harm Visser, a.a.O., 34.

[16] Matthijs van Boxsel, Schriftsteller, schrieb u. a. *De encyclopedie van de domheid* («Enzyklopädie der Dummheit»), Amsterdam 2001; in: Harm Visser, a.a.O., 162.

des Tages trocken nach Hause geht, um am nächsten Tag wieder zurückzukommen.

Die Etwasisten gehen nicht wie die Atheisten so weit zu behaupten, dass es Gott nicht gibt. Oder sie gehen eben gerade dort weiter, wo die Atheisten anhalten. Ihre Ansichten über den Glauben sind offener als die der Atheisten. Wo diese nicht glauben, glauben die Etwasisten schon: Sie glauben schon, dass es etwas gibt, bloss nennen sie es nicht Gott. Um im Bild zu bleiben: Die Etwasisten begnügen sich damit, die Füsse ins Wasser zu halten; sie würden vielleicht ganz gerne schwimmen wollen, doch lieber ohne nass zu werden. Ich füge noch bei, dass über den negativen Qualifikationen, die man ihnen oft erteilt, meist vergessen wird, dass viele Etwasisten einmal kirchlich waren: Sie sind bereits einmal nass gewesen.

Was Atheisten über Gott sagen

«Gibt es die Ameise eigentlich …? Oder hab ich sie erfunden …?»[17]
(Ja, sagt der Atheist, du hast sie erfunden …)

Ein Atheist glaubt also nicht, dass es Gott gibt. Nun kommt aber kein Mensch, der bei Verstand ist, auf die Idee zu behaupten, es gebe etwas nicht, was es nicht gibt. Da muss erst ein anderer da gewesen sein, der behauptete, es gebe Gott. Der Atheist «hat es vom Hörensagen»; er glaubt nicht, was andere von Gott sagen.

Wer sind die anderen? Um im Überschaubaren zu bleiben und nicht in die Ferne zu schweifen, nenne ich die anderen Christen und setze voraus, dass deren Behauptungen sich auf die Lehre der Kirche stützen. Der Atheist glaubt also nicht an das, was die Kirche aus Gott gemacht hat. Und was hat die Kirche – nach Meinung der Atheisten – aus Gott gemacht?

---

[17] Toon Tellegen (niederländischer Kinderbuchautor; *1941), Bijna iedereen kon omvallen, Amsterdam 1993 («Fast jeder konnte umfallen»; sehr bekanntes niederländisches Kinderbuch).

Das atheistische Gottesbild

Ich skizziere, ausgehend von dem, was ich von Atheisten gehört und gelesen habe, ein «atheistisches» Gottesbild; es sieht, in zwei Sätzen gesagt, folgendermassen aus: 1) Gott ist ein hocherhabenes allmächtiges Wesen, das einst beschlossen hat, Himmel und Erde zu erschaffen, das Wort (auf Hebräisch) an sich selbst richtete und auf diese Weise die Schwerarbeit der Schöpfung eigenhändig und aus dem Nichts in sechs Tagen vollbracht hat, worauf er feststellte, dass alles «sehr gut» war. 2) Bei genauerem Hinsehen stellten sich die Dinge dann – hienieden mindestens – als ziemlich enttäuschend heraus, so dass er sich genötigt sah, seinen Sohn auf die Erde zu schicken, was allerdings ein Fiasko zu werden drohte, da Jesus ermordet wurde, doch das wiederum stellte sich gerade als die Rettung heraus, denn dadurch konnte eine Kirche entstehen, die bis auf den heutigen Tag bekennt, dass Jesus Christus «unser Herr und Erlöser» ist, und die überzeugt ist, dass es einen personalen, vollkommenen, voraussehenden, allgegenwärtigen, ewigen, unwandelbaren, doch nichtsdestotrotz gelegentlich zornigen, meist aber gerecht urteilenden und überaus gnädigen Gott gibt.

Das atheistische (Un-)Glaubensbekenntnis

Ich gehe auf drei Merkmale dieses Gottesbildes ein, nicht beliebig herausgegriffene. Im Blick darauf, dass sich die atheistische Kritik am vermeintlich christlichen Gottesbild vor allem gegen das oben im ersten Satz Ausgeführte richtet, formuliere ich ein «atheistisches (Un-)Glaubensbekenntnis»: «Gott, das allmächtige Überwesen, das Himmel und Erde erschaffen hat, gibt es nicht.» Darauf reagiere ich mit Zustimmung, mit Empörung, mit Kritik und mit Verwunderung.

Mit Zustimmung: Ich gehe einig mit den Atheisten, diesen Gott gibt es nicht.

Ich habe sie also erfunden …, dachte er. Also habe ich auch ihre Fühler und ihre Zehen erfunden, und dass sie Honig das Allerleckerste der Welt findet. Und dass ich sie vermisse, das habe ich folglich auch erfunden. In Gedanken sah er seine Erfindung laufen …[18]

Mit Empörung: Der Atheist karikiert – bewusst oder unbewusst[19] – das christliche Gottesbild. Man muss nämlich keineswegs ein Atheist sein, um ein solches «atheistisches Glaubensbekenntnis» unterschreiben zu können. Viele Christen würden ihre Unterschrift darunter setzen; auch für sie ist dieser Gott schon lange tot. Als Pfarrer, der sich dessen bewusst ist, wehre ich mich dagegen, dass sie von Atheisten so bedenkenlos für hinterwäldlerisch erklärt werden.

Und da beginnt auch die Kritik: Der Atheist ist nicht auf der Höhe der Zeit. Seine Argumentation bewegt sich noch im Umfeld der mittelalterlichen Gottesbeweise, und sein Gottesbild ist dementsprechend von Dogmen und Glaubensbekenntnissen geprägt. Für die meisten Gläubigen ist dieser St.-Nikolaus-Gott mit dem langen Bart höchstens noch der Gott ihrer Kinderjahre, der seinerzeit zusammen mit den Spielzeugautos und dem Metallbaukasten auf dem Dachboden verstaut wurde. Der Atheist aber versteift sich darauf, den Gläubigen als einen zu sehen, der es für wahr hält, dass Gott in sechs Tagen Himmel und Erde erschaffen hat und seither als fürsorglicher Vater über seine Schöpfung und seine Geschöpfe wacht. Ich weiss durchaus, dass es noch Leute gibt, die das glauben, aber sie bilden inzwischen eine so kleine Minderheit, dass es zumindest überraschend ist, dass sie noch immer die Vorstellung dessen prägen, was – laut einem Atheisten – Christen glauben oder nicht glauben. Und dass noch so viel Energie investiert wird, um da zu widersprechen. Der Atheist hat offensichtlich eine Schwäche für das Mittelalter. Und daraus ergibt sich ein hübsches Bild für den Atheisten des 21. Jahrhunderts: ein Ritter, der

---

18 Toon Tellegen, Bijna iedereen kon omvallen, a.a.O., 34.
19 Herman Rudolf (Rudy) Kousbroek (1929–2010), Schriftsteller, in: Harm Visser (s. oben, 35, Anm. 14), 58: «Die beste Medizin gegen die Religion ist im Allgemeinen die Karikatur.»

rückwärts auf seinem Pferd sitzt, mit geschlossenem Harnisch, die Lanze auf die Vergangenheit gerichtet.

Meine Verwunderung betrifft vor allem die Argumentation: Religion sei nichts als Hirngespinst, Illusion, kollektive Geistesverwirrung, eine schöne Erfindung, die Menschen Hilfe, Ablenkung und Trost biete, ein Pflästerchen auf die Wunde. Wirkliche Argumente hört man eigentlich kaum, die atheistische Kritik begnügt sich mit der Verketzerung des Andersdenkenden.

Das jüngste Buch des britischen Evolutionsbiologen Richard Dawkins «Der Gotteswahn» illustriert das trefflich. Seine Beweiskraft bezieht es vor allem aus der Präsentation (als «Bombe»[20]) und aus der Entschiedenheit seiner Behauptungen. Dawkins scheut auch nicht davor zurück, andere Auffassungen zu diskreditieren: Wer nicht zu seinen Geistesverwandten gehört, wird durch den Fleischwolf gedreht. Sein Fazit, «dass es Gott höchstwahrscheinlich nicht gibt»,[21] hat nicht mehr Bedeutung, als es seine Voraussetzungen haben.

Eines der beliebtesten atheistischen «Argumente» lautet: An einen Gott, der so etwas zulässt, glaube ich nicht (mehr). Und Menschen, die so etwas zulassen – hat man mit denen keine Mühe? Und wenn es all das Elend nun auf einmal nicht mehr gäbe, würde man dann daraus schliessen, dass es Gott doch gibt?

Es ist denn auch nicht erstaunlich, dass nur ein kleiner Teil[22] der Bevölkerung in den Niederlanden sich als atheistisch bezeichnet. Die Mehrheit, die dennoch nicht auf den Kopf gefallen ist, lässt sich offenbar ohne solide Argumente nicht überzeugen. Und die vielen, die die Kirche verlassen, weil sie nicht mehr glauben, dass es Gott gibt, und die darum eigentlich in die Kategorie «Atheisten» gehörten, nennen sich trotzdem

---

[20] Richard Dawkins, Der Gotteswahn, Berlin 2007 (Auf dem Titelbild der Originalausgabe [The God Delusion, London 2006] steht das Wort «God» mitten in einer roten Detonationswelle).

[21] Vgl. Dawkins, Der Gotteswahn, Kapitel 4: «Warum es mit ziemlicher Sicherheit keinen Gott gibt».

[22] Der Anteil wird ziemlich konstant unterschätzt: 2004: 13 %, 2006: 17 %, 2007: 14 %.

nicht so. Der Atheismus geht offensichtlich nicht so einfach weg wie frische Semmeln, und zu Recht: Etwas stimmt nicht. Schon die wachsende Zahl von Etwasisten und Agnostikern (Leuten also, die sich fragen, ob es Gott gebe[23]) weist darauf hin: Zu glauben, dass es Gott nicht gibt, führt nicht zum Ausschluss Gottes. Oder – und darauf will ich hinaus – es gibt keine atheistischen Argumente, die es unmöglich machen, an einen Gott (den es nicht gibt) zu glauben.

Was Atheisten über den Glauben sagen

Lasst ab von der Einfalt, so werdet ihr leben, und geht auf dem Weg des Verstandes.[24]

Weiter oben sagte ich, das «atheistische Unglaubensbekenntnis» beruhe auf einer Karikatur des christlichen Gottesbildes. Dass jemand mit einem karikierten Gottesbild eine differenzierte Vorstellung von Glauben hat, ist nicht zu erwarten. Und in der Tat: Für einen Atheisten ist ein Gläubiger nicht mehr als ein Dummkopf. Die heutige Elite qualifiziert Glauben als «weiter nichts als Dummheit»[25] oder als «etwas für zurückgebliebene Leute»[26].

Solche Ausdrücke sind – gelinde gesagt – nicht das Ergebnis vernünftiger Überlegungen. Sie sind aufgeladen mit Emotionen, die vermuten lassen, dass da die Lebensgeschichte und die psychische Verfassung dessen, der so urteilt, eine nicht geringe Rolle spielen. Man achte einmal darauf, auf welchen Wegen Angehörige der atheistischen Elite zu ihrem Atheismus gekommen sind, und bilde sich seine Meinung.

---

[23] Sie heben die Hand nicht, wenn gefragt wird: «Wer glaubt, dass es Gott nicht gibt?» Sie heben aber auch nicht die Hand, wenn gefragt wird: «Wer glaubt, dass es Gott doch gibt?»

[24] Sprüche 9,6.

[25] Matthijs van Boxsel in: Harm Visser (s. oben, 35, Anm. 14), 159.

[26] Rudy Kousbroek in: Harm Visser, a.a.O., 61.

Ronald Plasterk war enttäuscht von der Antwort, die er in der Volksschule von einem Religionslehrer erhielt auf die Frage: Wenn ich jetzt glaube, dass ich neue Rollschuhe kriege, krieg ich sie dann wirklich?[27]

Herman Philipse (der schon als Kind Vorbehalte gegenüber der Religion hatte) über den Religionsunterricht, den er mit seiner kleinen Schwester besuchte: «Dazu kam noch, dass der Pfarrer (...) ganz dicke, mattierte Zigarren rauchte (...). Diese Zigarren plus die Langeweile, die ich empfand, genügten, um mir jedes Interesse an Religion zu nehmen.»[28]

Vincent Icke, dessen Gebete für seinen kranken Vater «einen Dreck nützten», sagt: «Allmählich bin ich da zum Schluss gekommen, dass ich beschissen werde, oder – besser gesagt – dass Gott ein Stümper ist oder ein Sadist.»[29]

Die meisten Atheisten behaupten, ungläubig zu sein, weil sie zur Überzeugung gekommen seien, dass es Gott nicht gibt. Fast alle erklären übereinstimmend, dass sie «in einem bestimmten Moment diese Entdeckung gemacht» hätten. Wie denn? Indem sie aufhörten zu glauben, was andere glauben. Das unterscheidet sie aber nicht von den meisten Gläubigen: Auch sie glauben nicht mehr an den Gott ihrer Kindheit.

Der entscheidende Unterschied zwischen den beiden besteht vielmehr darin, dass das Gottesbild der meisten Gläubigen sich allmählich verändert hat, während es bei den Atheisten im Augenblick, da sie sich von ihm verabschiedeten, stehengeblieben ist. Das hindert sie aber nicht daran, diejenigen, die weniger radikale Entscheidungen getroffen haben und andere Wege gegangen sind, als «Irrationalisten» abzustempeln.

Der Atheist urteilt und handelt aufgrund einer Auffassung, die er selbst verworfen hat: Zuerst schiebt er den Gläubigen, ohne ihn befragt zu haben, in eine orthodoxe Ecke ab und dann verkauft er ihn als blöd. Die Frage, ob dieser umgekehrte Fundamentalismus eigentlich noch Atheismus genannt werden kann, lasse ich vorläufig noch offen.

[27] Ronald Plasterk, Professor für Biologie, Minister für Bildung, Kultur und Wissenschaft 2007–2010, in: Harm Visser, a.a.O., 118.
[28] Herman Philipse, in: Harm Visser, a.a.O., 90.
[29] Vincent Icke, Professor für Astronomie, in: Harm Visser, a.a.O., 184.

Ich habe Verstand so gut wie ihr, ich stehe nicht hinter euch zurück ...[30]

Der Atheist gerät – meines Erachtens – gleich mehrfach ins Schleudern.

Erstens: Der Atheist reduziert den Menschen auf seinen Verstand, während doch die meisten von uns mit mehr ausgestattet sind als bloss mit Hirn: mit Gefühlen, Wünschen, Sorgen, Hoffnungen ... Doch in den Augen von Atheisten bedeutet «glauben» einfach, etwas Unmögliches für wahr halten, indem man seinen Verstand auf null setzt. Dass es auch Gebildete gibt, die sonntags zur Kirche gehen, Wissenschaftler, Leute mit hervorragendem Verstand, kann sie nicht von dieser Meinung abbringen. Im Gegenteil: Letztere werden bloss verhöhnt: «Die Woche hindurch treibt man Naturkunde und am Sonntag geht man in die Kirche.»[31]

Zweitens: Der Atheist unterschätzt den Gläubigen. Meint er wirklich, dass ein Gläubiger des 21. Jahrhunderts alles, was ihm gesagt wird, einfach schluckt? Ein Beispiel: An den Gott, der im Buch Hiob vorkommt, kann man nicht glauben. Da wird ein unschuldiger Mensch als Einsatz einer Wette zwischen Gott und dem Teufel missbraucht und dadurch ins Elend gestürzt. Gott verkörpert hier alles, was Nicht-Gott ist; wir würden ihn einen Schuft nennen, und er käme damit noch gnädig davon. Meint der Atheist wirklich, dass ein «normaler Gläubiger» an einen solchen Gott glaubt? Das ist doch nicht zu glauben!

Doch für den Atheisten gibt es offenbar nur alles oder nichts. Für ihn ist der Glaube ein Multipack, das in seiner Gesamtheit angenommen werden muss: Ein Gläubiger hat die Bibel wörtlich aufzufassen und die unverkürzte Lehre der Kirche zu unterschreiben.

Wenn ein Gläubiger dann vorsichtig dagegenhält, dass er nicht alles für bare Münze nehme und selbst bestimme, was er für glaubwürdig halten wolle, reagiert der Atheist verärgert: Religiöser Liberalismus, unzulässige Willkür sei zu glauben, was einem in den Kram passe, und zu verwerfen,

---

[30] Hiob 12,3.
[31] Herman Philipse, Atheïstisch manifest, Amsterdam 2004 (6., erweiterte Auflage), 50.

43

womit man nicht zurechtkomme.[32] Für ihn gibt es nur ein Entweder-oder: Entweder sagt man ja zum ganzen Paket, und das heisst dann, auf Geheiss der Kirche alles anzunehmen, selbst das, wozu der Verstand nein sagt, oder Gebrauch zu machen von seinem Verstand und dem Glauben an Gott völlig abzusagen.

Und als Letztes: Der Atheist findet den Gläubigen «dumm». Was ihm da begegnet, entspricht für mich dem, was einem Pfarrer als «kindlicher Glaube» entgegenkommt: «Ich glaube eben wie ein Kind, Herr Pfarrer.» Nach atheistischen Massstäben ist das wohl das Dümmste, was man machen kann. Mein Massstab ist die Integrität. Anders gesagt: Ich halte die Bedeutung, die der Glaube im Leben eines Menschen hat, für wichtiger als die Frage, ob der Inhalt seines Glaubens meinen intellektuellen Massstäben genügt. Ich komme täglich mit Menschen zusammen, die anders glauben als ich, und sie und ich wissen durchaus, dass es sich dabei inhaltlich oft nicht um Spitzenleistungen handelt, aber ich hatte noch nie das Bedürfnis, da eine Messlatte anzusetzen. Im Gegenteil, wenn der Glaube «wirkt» im Leben der Menschen, wenn sie damit leben und sterben können, wer bin ich dann, um …?

Zur Argumentation, zu den Motiven und zum Benehmen des Atheisten wäre noch einiges anzumerken, mit seiner Überzeugung jedoch, dass es Gott nicht gibt, hat er recht.[33] Und im nächsten Abschnitt bekommt er auch recht. Von der Bibel her erst recht: Gott hat es nie gegeben; ein Gott, den es gibt, ist ein historisches Missverständnis.

---

[32] Paul Cliteur, Professor der Jurisprudenz, weiss sogar aus zuverlässiger, wenn auch nicht atheistischer Quelle, dass das nicht erlaubt ist: Er schrieb ein Buch mit dem Titel *God houdt niet van vrijzinnigheid* («Gott hält nichts vom Liberalismus»; Amsterdam 2004).

[33] Wenn ich hier und an anderen Stellen einem Atheisten recht gebe, dann bedeutet das nichts anderes, als was ich zuvor schon geschrieben habe: Dass er recht hat, beruht nur darauf, dass andere nicht recht haben.

Die Bibel: «Im Anfang» ist nicht «der Anfang»

Im Anfang schuf Gott Himmel und Erde.[34]

Die Bibel fängt an mit «Im Anfang …» Das sind die ersten Worte der Genesis, des ersten Buches der Bibel. Auf das Buch Genesis folgt das Buch Exodus, dann das Buch Leviticus und so fort. Doch das ist eine optische Täuschung: Wären die Bücher der Bibel in der Reihenfolge ihres Entstehens angeordnet, käme das Buch Genesis irgendwo weiter hinten zu stehen. Der Text selbst verrät es: Da stehen babylonische Lehnwörter drin, und die können seine Autoren erst im 6. Jahrhundert v. Chr., in der Zeit der sogenannten Babylonischen Gefangenschaft, vernommen haben.

Angefangen hat es schon viel früher. Aus historischer Sicht müsste die Bibel mit dem Auszug aus Ägypten und der anschliessenden Reise durch die Wüste beginnen. Das fand im 13. Jahrhundert v. Chr. statt, nachdem Gott sich in einem brennenden Dornbusch «vorgestellt» hatte mit den Worten: «Geh, und ich gehe mit dir.» In dieser Geschichte[35] finden sich die Ur-Intuitionen, auf denen alles spätere Reden von Gott gründet oder gründen sollte.

Im Folgenden werde ich darlegen, dass es Gott am Anfang nicht gab, sondern dass man erst «im Anfang» anfing zu sagen, es gebe ihn.

---

[34] Genesis 1,1.
[35] Sie steht in Exodus 3.

Der Anfang – das 13. Jahrhundert vor Christus

Mose sagte: Wer bin ich, dass ich zum Pharao gehen und die Israeliten aus Ägypten führen könnte? Gott antwortete: Geht, und ich gehe mit euch.[36]

Im Buch Exodus ist keine Rede von einem Gott, den es gibt. Am Anfang wussten es also alle: Gott gibt es nicht. Atheisten gab es noch keine, es gab ja nichts zu bestreiten. Wenn irgendwo von Atheismus die Rede ist, dann bei den Autoren der Schrift selbst. Das ganze Alte Testament muss gelesen werden als ein andauernder Kampf gegen «Abgötterei», wobei immer wieder mit allem Nachdruck gesagt wird, was Gott *nicht* ist: Er ist nicht wie die anderen Götter.

Wenn das Wort «Gott» fällt, dann geschieht dies immer im Kontext von «Befreiung». Die Zehn Gebote werden eingeleitet mit den Worten: «Ich bin der HERR, dein Gott, der dich herausgeführt hat aus dem Land Ägypten, aus einem Sklavenhaus.»[37] So wurde das später aufgeschrieben.

Doch der Glaube an JHWH, den Gott Israels[38], hat eine religiöse Vorgeschichte. Die Hebräer (die späteren Israeliten) werden unterdrückt und ausgebeutet von Ägyptern, die eine Religion haben. Das durfte nicht sein. Die Alternative zur Unterdrückung ist die Befreiung: So musste es sein. Mose wird zum Pharao geschickt: Er, nicht Gott, muss sein Volk befreien. Als Atheist kann ich das nicht genug betonen: Gott ist kein «Befreier», die Erzählung sagt nicht mehr, als dass der Name Gottes verbunden ist mit einer «Befreiung», die durch Menschen Gestalt annehmen muss. So war es damals und so ist es geblieben und so ist es noch heute: Befreiung ist Sache der Menschen. Was ursprünglich unter «Gott» verstanden wurde, hat zu tun mit dem, was im Leben der Menschen geschieht.

---

[36] Exodus 3,11–12; nach der Übersetzung des Autors wiedergegeben.
[37] Exodus 20,2.
[38] Im Folgenden gebrauche ich die Ausdrücke «JHWH» und «der Gott Israels» beliebig wechselnd.

Ehjeh ascher ehjeh: «Geht, und ich gehe mit euch.»

Gott «macht seinen Namen wahr», nichts anderes, wie gesagt: «Geht, und ich gehe mit euch.» Diesen Namen muss man in Anführungszeichen setzen, denn was es nicht gibt, das kann keinen Namen haben. Ein Hinweis darauf befindet sich bereits da, wo Gott «sich vorstellt»: «Mose aber sagte zu Gott: Wenn ich zu den Israeliten komme (...) und sie sagen zu mir: Was ist sein Name?, was soll ich ihnen dann sagen? Da sprach Gott zu Mose: ‹Ehjeh ascher ehjeh›. Und er sprach: So sollst du zu den Israeliten sprechen: ‹Ehjeh ascher ehjeh›, der hat mich zu euch gesandt.»[39]

Auf den ersten Blick scheint die Sache ganz einfach: Mose stellt die Frage: Was ist dein Name?, und Gott antwortet: «Ehjeh ascher ehjeh.» Aber so einfach ist es nicht; denn die Frage wurde so nie gestellt, und die Antwort wurde so nie gegeben; das Gespräch hat nie stattgefunden. Die Erzählung ist entstanden, nachdem man mit dem fremden Namen schon siebenhundert Jahre lang Erfahrungen gemacht hatte. «Ehjeh ascher ehjeh», mehr konnten die biblischen Autoren nach all den Jahrhunderten nicht sagen.

Der Name ist unübersetzbar geblieben. Die Übersetzungen variieren zwischen «Ich bin, der ich bin»[40] und «Ich werde sein, der ich sein werde»[41]. Um sich so zu definieren, braucht man kein Gott zu sein, das kann mein Nachbar auch sagen. Ich ziehe die Übersetzung vor: «Geht, und ich gehe mit euch.»[42] Damit will ich ausdrücken, dass Gott nur dort ist, wo Menschen in Bewegung kommen.

---

[39] Exodus 3,13–14.
[40] Z. B. Elberfelder Bibel 2006.
[41] Z. B. Zürcher Bibel 2007; Lutherbibel 1984.
[42] Für Feinschmecker: Das Verb *halakh* kommt im hebräischen Originaltext nicht vor. Ich habe mich für «gehen» entschieden, weil ich damit ausdrücken möchte, dass es hier nicht um ein göttliches Wesen geht, das seine geheimnisvolle Identität offenbart, sondern um den Niederschlag einer jahrhundertelang erprobten und bestätigten menschlichen Erfahrung, dass von Gott erst die Rede sein kann, wenn Menschen sich auf den Weg machen.

Die Übersetzung dieses Namens bietet aber noch weitere Schwierigkeiten: Das Hebräische kennt kein Präsens. «Ich laufe» kann man nicht sagen, wohl aber «ich, laufend», entsprechend etwa dem englischen «I am walking», das ausdrückt: Mein Laufen ist noch nicht abgeschlossen, ich bin noch damit beschäftigt. Deshalb genügt die Übersetzung «Ich bin, der ich bin» nicht, denn sie gibt die Bewegung nicht wieder. Und allein schon aus diesen Gründen kann Gott keinen Namen haben: Er ist noch nicht fertig. Und das Unfertige kann natürlicherweise auch nicht bestehen, es ist ja noch immer am Entstehen. Und ob auch tatsächlich etwas daraus wird, muss sich noch erweisen: «Geht, und ...». Und wenn man nicht geht, dann ist eben nichts.[43]

«Geht, und ich gehe mit euch», das ist keine logische Schlussfolgerung, die sich aus diesem Namen ergibt, sondern der Ausdruck einer Erfahrung, die mithilfe dieses Namens angedeutet ist. Warum und wie sind die Hebräer seinerzeit aus Ägypten ausgezogen? Aufgrund einer göttlichen Offenbarung? An Gottes Hand? Gewiss nicht! Nein, sie haben sich in einem bestimmten Moment einfach davongemacht, aus der Sklaverei in die Wüste, in der Hoffnung auf Leben. Hinterher wurde das gedeutet als ein Auszug unter der Führung einer Kraft, die sie mit der Zeit «Gott» nannten, ohne den ihnen das nie gelungen wäre. Eine Erfahrung also wurde mit diesem Namen gedeutet. Theologisch gesprochen: Ein gewöhnliches geschichtliches Ereignis wurde als «Heilsgeschichte» ausgelegt.

Mehr kann auch ein Theologe darüber nicht sagen. Der Name hat sich gleichsam von Anfang an abgesichert gegen alle spätere Theologie. Gott ist «immun» gegen Theologie: Geh, heb dich vom Stuhl, komm heraus aus deinem Büro. Und dann ...

Gott tut also nichts anderes, als dass er seinen Namen bestätigt. Nichts mehr und nichts weniger; im Buch Exodus finden sich keine Hinweise auf ein Davor oder ein Danach. Von einem Schöpfergott ist nicht die Rede, so wenig wie von einem Gott, der auch nach dem Tod noch für die Men-

---

[43] Die weiter oben zitierte Ausrede, dass es Gott zwar nicht gebe, dass er aber «sei», widerspricht sich hier selbst: Was im Entstehen begriffen ist, «ist» (noch) nicht.

schen da wäre. Ich weise hier kurz darauf hin,[44] weil dies eine Botschaft ist, die man in der Kirche kaum zu hören bekommt: dass man nämlich an Gott glauben kann, ohne zu erwarten, dass Gott etwas zu tun hat mit der Entstehung der Welt und der Menschen, und ohne zu hoffen, dass er nach dem Tod auch da sein wird. So war es am Anfang, und darin müsste man die Quelle der sogenannt jüdisch-christlichen Tradition erkennen. Alle Schöpfungs- und Jenseitstheorien sind später entstanden. Was ursprünglich unter «Gott» verstanden wurde, wurde nicht in Verbindung gebracht mit der Frage, woher der Mensch kommt und wohin er geht, sondern mit dem eigentlichen Leben zwischen Geburt und Tod.

«Im Anfang» – das 6. Jahrhundert vor Christus

Ungefähr 700 Jahre später, in der Zeit der «Babylonischen Gefangenschaft», hat es angefangen mit dem Gott, den «es gibt».

Babel war zu jener Zeit eine Grossstadt mit nahezu tausend Tempeln. Die Israeliten, die inzwischen doch einiges gewohnt waren, was fremde und feindliche Götter betraf, trauten ihren Augen und Ohren nicht. An jeder Strassenecke lauerte eine religiöse Verführung.

Das Konzept der damaligen Bibel stand schon grösstenteils fest. Eine Schöpfungsgeschichte kam darin nicht vor. Doch durch die Konfrontation mit den Entstehungs- und Schöpfungsgeschichten der Babylonier änderte sich das. Und zwar drastisch.

Wenn – dann: *Wenn* es einen Gott gibt ..., *dann* ist es der unsrige!

Eines schönen Tages – ich stelle mir vor, dass sich das so zugetragen hat – klopften einige Israeliten in grosser Aufregung an die Tür des Hauses, in dem die Bibelredaktion versammelt war: «Habt ihr gehört?» «Was?» «Die Heiden hier behaupten, dass wir nicht einfach nur so da sind, sondern dass es einen Gott gibt, der alles gemacht hat!» Es wurde eine kurze Sitzung abgehalten: *Wenn* es wahr ist, *wenn* da am Anfang ein Gott war, *dann*

---

[44]   In Kapitel 3 werde ich unter «Gott und Tod» näher darauf eingehen.

war das der unsrige; man protokolliere das, man schreibe es auf. Und so entstand Genesis 1: «Im Anfang schuf Gott ...». Nicht als eine Beschreibung des allerersten Anfangs, sondern als eine Reaktion auf die heidnische Umgebung, oder besser: als ein Bekenntnis, dass JHWH mächtiger war als alle anderen Götter. Unser Gott ist zweifellos stärker und grösser als euer Gott, und darum konnte er ..., und darum hat er ... Auf diese Weise ist der Gott Israels gleichsam hineingeschlüpft oder hineingeholt worden in ein Gebiet, in dem er ursprünglich gar nicht zu Hause war.

«Man schreibe es auf.» Ja, aber mit einem blossen «Wenn–dann» gerät die Sache zu kurz, es muss eine Erzählung her. Dazu wurde – die Übereinstimmungen sind unverkennbar – reichlich aus vorhandenen Quellen geschöpft. Und von denen gab es genug. In Israels Nachbarkulturen wurden Fragen nach der Entstehung von Welt und Mensch selbstverständlich mit mythologischen Erzählungen beantwortet. Im ausgeliehenen Material wimmelte es von Göttern, und so kamen die Autoren der Bibel auch nicht darum herum, in ihrer Geschichte einen Gott einzuführen, den «es gibt».

So wurde Genesis 1 zusammengestellt als eine Variante eines bestehenden Genres von Schöpfungsgeschichten und aufgeschrieben in der Sprache von damals, der Sprache des Mythos. Das Glaubensbekenntnis «Wenn–dann» und die Überzeugung, dass «unser Gott stärker und grösser ist als der eure» wurden in eine mythologische Erzählung verpackt. Es fehlte bloss noch die Schnur darum herum. (Die kam erst später; es gab ja noch keine Kirche.)

Wer diese Erzählung als eine Erklärung für die Entstehung der Welt liest, tut den Autoren unrecht. Die wussten so gut wie wir, dass niemand weiss, wie es angefangen hat. Im ursprünglichen «Wenn–dann» ist kein Anspruch enthalten, dass der Gott Israels tatsächlich der Schöpfer von Himmel und Erde gewesen sei. Wer das herausliest, hat es selbst hineingelegt. Selbstverständlich wäre eine andere Erzählung entstanden, wenn die Autoren von Darwin oder vom Big Bang gehört hätten. Wenn aber Gegner der Evolutionstheorie oder des *intelligent design* ihre Argumente aus der Genesis beziehen, dann ist das ebenso sinnvoll oder sinnlos, wie wenn sie bei Klein-Däumling zu Rate gingen.

Nach dem Anfang

An aus «dem Daumen» gesogenen Interpretationen hat es in der Wirkungsgeschichte von Genesis 1 nicht gefehlt. Den dicksten Daumen hatte die Kirche, die im 16. Jahrhundert den folgenden Schluss zog: «Wir glauben, dass der Vater durch Sein Wort, das heisst, durch Seinen Sohn, den Himmel und die Erde und alle Geschöpfe aus dem Nichts erschaffen hat nach Seinem Gutdünken und dass Er jedem Geschöpf sein Wesen, seine Form und seine Gestalt gegeben hat und seine eigene Bestimmung, seinem Schöpfer zu dienen.»[45]

Das ursprüngliche «Wenn–dann» ist nichts anderes als ein indirektes Argument, eine Hypothese. Vorsichtiger konnte es ja kaum formuliert werden. Als hätte man es damals in Babylon schon geahnt: dass es, wenn es um «die Wahrheit» geht, immer Scherereien gibt. Wie prophetisch! Denn präzis das ist in der Folge passiert. Das Glaubensbekenntnis wurde zur Glaubenswahrheit: Gott hat tatsächlich Himmel und Erde erschaffen. Der Mythos wurde als Realität ausgegeben und dogmatisch in Beton gegossen. Die Autoren hätten sich darüber die Haare gerauft.

Mythen sprechen nie von dem, was war, sondern von dem, was immer ist.[46]

Mythologische Sprache ist wehrlos. In Genesis 1 steht zwar klar und deutlich: «Gott schuf den Menschen als sein Bild», doch in Wirklichkeit verhält es sich genau umgekehrt: Menschen aller Zeiten schaffen sich Götter nach *ihrem* Bild. Das wussten die Autoren selbst auch; ihre Erzählung will mythologisch gelesen werden: nicht als eine Erzählung dessen, was früher einmal geschah, sondern dessen, was jetzt und allezeit mit Menschen geschieht. Dann ist mit «Schöpfung» nicht mehr behauptet, als dass unser Dasein nicht etwas Selbstverständliches ist und auf jeden Fall nicht die Folge einer menschlichen Tat. Wer je einmal über seinen eigenen Ursprung

---

[45] Aus dem Artikel 12 des Niederländischen Glaubensbekenntnisses von 1571.
[46] Joseph Campbell, amerikanischer Professor für Mythologie (1904–1987).

nachgedacht hat, wird wohl zur Einsicht gelangt sein, dass er selbst nichts dazu beigetragen hat. Doch um zu erkennen, dass man ein Geschöpf ist, braucht es keinen Schöpfer. (Wie man ja auch ein dankbarer Mensch sein kann, ohne Gott zu danken.)

Natürlich wollen Mythen auch etwas erklären, Antworten geben auf Fragen, die ein Mensch sich stellt, wenn er staunend die Welt um sich herum betrachtet; sie versetzen aber die Erklärung dessen, was sich in der Gegenwart vollzieht, in eine ferne Vergangenheit. Wie es im Märchen geschieht: «Es war einmal ...». So gibt zum Beispiel die Erzählung von Kain und Abel[47] eine mythologische Antwort auf die Frage, wie es möglich ist, dass wohlmeinende Menschen einander die Köpfe einschlagen.

Und zweifellos haben die Menschen von damals sich zu ihrer Zeit auch gewundert über die sexuelle Anziehung zwischen Männern und Frauen, haben gesehen und gefühlt, wie diese Magneten gleich zueinander hingezogen werden. Und sie haben eine mögliche Erklärung dafür gefunden in der Vorstellung, dass die beiden einmal eins waren. Warum nicht? Das ist doch immerhin eine annehmbare Interpretation der wundersamen Geburt der Frau aus der Rippe des Mannes. Wenn man es andersherum erzählt hätte, wäre damit schon früh eine solide Basis geschaffen worden für spätere Erzählungen von Jungfrauengeburten. Doch der Zeitgeist gestattete solches noch nicht. Die Männer hatten damals das Sagen, und die Tatsache, dass nur Frauen Kinder gebären können, hat ihnen offensichtlich zu schaffen gemacht. Deswegen. In einer anderen Zeit und in einer anderen Kultur wären die Fragen anders gestellt worden: Was war zuerst da? Das Huhn oder das Ei? In dieser Fragestellung kommt der Hahn nicht einmal vor.

«Wenn–dann» ist nichts weiter als eine Bezeugung des Vertrauens in den eigenen Gott. Eine gewisse Neigung allerdings, damit auch die Möglichkeit wahrzunehmen, andere Götter herabzusetzen, wird den Menschen von damals nicht fremd gewesen sein. Die ganze Religionsgeschichte bis auf den heutigen Tag illustriert zur Genüge, dass die Überzeugung, «unser Gott ist besser als der Gott der anderen», meistens kein friedliches Zusam-

---

[47] Sie steht in Genesis 4.

menleben gewährleistet. Die christlichen Kreuzzüge sind ein trauriges Beispiel dafür.

Solches geschah auch in Babylon. Das Volk Israel war dort nicht in den Ferien, sondern in Gefangenschaft. Der Kontakt zur einheimischen Bevölkerung wird wohl nicht immer freundschaftlich gewesen sein, JHWH und seine Nachbargötter wurden zu Konkurrenten und gerieten sich in die Haare. Nicht im wörtlichen Sinn: Götter, die es nicht gibt, haben keine Haare. Der Kampf zwischen Göttern wird nicht im Feld und nicht in der Arena ausgetragen, sondern auf der Tribüne. Was die jeweiligen Supporter skandierten, kann man sich vorstellen: Der unsrige ist stärker und mächtiger als der eure, «we are the champions». Ein Kampf also zwischen menschlichen Gottesbildern, wie das ja bei jeder Glaubensdiskussion der Fall ist. Natürlich waren die Autoren der Bibel keine Heiligen. Auch sie waren Supporter und nicht frei von Chauvinismus. Das «Wenn–dann» blieb nicht beschränkt auf die Schöpfung, sondern weitete sich aus: Alles, was euer Gott kann, kann der unsrige mindestens so gut oder womöglich noch besser. Der Text von Genesis 1 ist denn auch voller Gehässigkeiten. Ein Beispiel dafür: In vielen Kulturen ist die Sonne der höchste Gott. Daran hatten die Israeliten, die einst gelitten hatten unter dem «Sonnenkönig»-Pharao, keine besonders guten Erinnerungen. Da wird nun ganz subtil eine alte Rechnung beglichen: «Gott machte die zwei grossen Lichter, das grössere Licht zur Herrschaft über den Tag und das kleinere Licht zur Herrschaft über die Nacht, und auch die Sterne. Und Gott setzte sie an die Feste des Himmels, damit sie auf die Erde leuchten (…), ein vierter Tag.»[48] Die mächtige Sonne wird da vom noch mächtigeren JHWH an den Himmel geklebt, am vierten Schöpfungstag erst. Das geht natürlich nicht auf, denn die Sonne schien ja schon am ersten Schöpfungstag.[49] Gehässigkeiten sind meistens – wie hier – nicht wirklich fundiert; unter dem Motto «der unsrige ist grösser und stärker als der eure» nimmt man es nicht so genau.

[48] Genesis 1,16–19.
[49] Genesis 1,3: «Da sprach Gott: Es werde Licht! Und es wurde Licht.»

Aus der Sicht der Israeliten war dieser Kampf natürlich ein Kampf zwischen «unserem Gott» und «euren Götzen». Und dieser Sicht wurden nun auch die früheren Schriften des Alten Testaments angepasst: Die ganze Geschichte Israels wurde dargestellt als ein andauernder Kampf gegen die Abgötterei. Vor Übertreibungen scheute man sich nicht: Die im Buch Josua im Zusammenhang mit dem Einzug ins Gelobte Land so anschaulich geschilderten Gemetzel sind Phantasien.

«Wenn euer Gott das kann, kann der unsrige es auch.» Diese Aussage musste erhärtet werden im Vergleich von Qualitäten und Leistungen. Dabei wurde der Gott Israels unweigerlich auch mit Attributen versehen, die eigentlich zu anderen Göttern gehörten, sonst hätte es ja nichts zu vergleichen gegeben. Die Nachbarvölker stellten sich die Götter als Supermenschen vor, als Personen also. Meteorologie gab es noch keine. Im Versuch, unerklärbare Naturerscheinungen zu verstehen, ging man nicht von der Frage aus, wodurch sie verursacht, sondern von wem sie verursacht seien. Und wenn die Nachbarn dann in einem Unwetter oder einem Sturm eine göttliche Stimme zu vernehmen meinten, dann wurde diese Stimme (oder gar eine noch kräftigere) von den Israeliten fortan auch oder nur JHWH zugeschrieben.

Der Gott Israels bekam mehr und mehr menschliche Züge, das kommt zum Ausdruck im Alten Testament: Gott kann böse und eifersüchtig werden, er kann verhandeln, seine Meinung ändern, Reue empfinden. So verwandelt sich «Ehjeh ascher ehjeh» allmählich in ein personartiges Wesen, das im Bild menschlicher Gestalten (Hirt, König, Heerführer) vorgestellt wird: Nun «gab es» Gott.

Der bis jetzt beschriebene Prozess ist im Grunde genommen nichts anderes als ein banaler Streit zwischen Göttern oder besser: Götteranhängern, wie er in der Menschheitsgeschichte immer wieder vorkommt: Der eigene Gott wird – von seinen Supportern jedenfalls – als Sieger betrachtet und als Oberhaupt an die Spitze der göttlichen Hierarchie gestellt.

Im Fall von JHWH handelte es sich anfänglich um eine relativ milde Form des Konkurrenzkampfes. Andere Götter wurden nicht ausgeschlossen, sondern bloss für schwächer gehalten. Man beachte, dass es in den Zehn Geboten heisst: «Du sollst keine anderen Götter haben neben mir.»[50] Die Formulierung verrät, dass eben das geschah. Die Konkurrenz sass offenbar nicht still. Und darum musste die Autorität des Marktleaders bei jeder Gelegenheit befestigt, JHWH immer wieder aufpoliert werden. Das Verhalten seiner Supporter beschränkte sich im Übrigen nicht nur aufs Aufpolieren, das Volk Israel hat sich im Lauf der Jahrhunderte auch heftig seiner Haut gewehrt, nicht ohne Erfolg.

Monotheismus

Der Kampf führte am Ende zu dem, was man Monotheismus nennt: dem Glauben an einen einzigen Gott. Andere Götter wurden nicht mehr länger als JHWH unterstellte Götter anerkannt, sondern als Götzen betrachtet. Was zunächst ein Gott unter anderen Göttern gewesen war, wurde zum allein zu verehrenden höchsten Wesen ausgerufen, dessen Name fortan in Grossbuchstaben geschrieben wurde. Der Gattungsname wurde zum Eigennamen, und in der Folge gab es (!) nur noch einen Gott: Gott.

Aus einer anderen Sicht der Dinge: Ein Götze wurde zum Supergötzen erhoben. Und das hat viel für sich, denn von dem ursprünglichen «Wenn–dann» ist so gut wie nichts übriggeblieben: Das einzige göttliche Wesen, das es noch gab, unterschied sich kaum mehr von den besiegten Göttern. Das heisst, sofern diese überhaupt überlebt hatten, denn mit der Errichtung der Diktatur werden auch die Massnahmen gegen eine Untergrabung der Autorität weniger zimperlich. Die religiöse Praxis, Gegner «bis auf den letzten Mann» auszurotten, hängt eng zusammen mit dieser Entwicklung. Götzen werden nicht geduldet, sondern müssen vernichtet werden, denn, so dachte man, solange noch *ein* Supporter lebt, gibt es den Götzen noch. Das ist schlichtweg die Erklärung für manches alttestamentliche Blutvergiessen. Später – man denke bloss an die Katharer[51] – hat sich gezeigt, dass auch die Kirche mit dieser Denkweise sympathisierte.

---

[50]   Exodus 20,3.
[51]   Auch Albigenser genannt, eine gnostische Strömung, die im 13. Jahrhundert auf Befehl des Papstes völlig ausgelöscht wurde.

55

Eine bedenkliche Erscheinung also, dieser Monotheismus. Noch immer. Im Monotheismus wird verkannt, dass jeder Mensch dazu neigt, sich seinen eigenen Gott zu schaffen, und dass man – innerhalb gewisser Grenzen – nichts dagegen haben kann. Es ist nie anders gewesen. Zum Beispiel: Mit der jüdisch-christlichen Formel «der Gott Abrahams, Isaaks und Jakobs» soll vermutlich suggeriert werden, die drei Genannten hätten an denselben Gott geglaubt. Tatsächlich aber heisst es im Alten Testament: «der Gott Abrahams, der Gott Isaaks und der Gott Jakobs»[52], und das bedeutet, dass es auch laut der Bibel nicht sehr wahrscheinlich ist, dass der Gott Jakobs genau derselbe war wie der seines Grossvaters. Wird da einer noch glauben, dass Christen seit 2000 Jahren dasselbe glauben?

Gott selbst wird wohl angesichts seines neu erworbenen monotheistischen Status auch einige Bedenken gehabt haben. Denn es ergaben sich daraus noch weitere Konsequenzen. War «Ehjeh ascher ehjeh» noch geschlechtslos gewesen, musste man sich jetzt entscheiden. Und Gott wurde – natürlich – ein Mann.

Schmerzlicher noch muss es gewesen sein, dass er sich scheiden und zölibatär werden musste. Die Namen von weiblichen Gottheiten im Alten Testament, Aschera und Astarte, weisen zumindest darauf hin, dass früher neben JHWH auch eine Göttin verehrt wurde. Wahrscheinlich – aber das ist umstritten – hatte JHWH ein Liebesverhältnis mit ihr oder war ganz normal mit ihr verheiratet.[53] Zu wem sollte er sonst gesagt haben: «Lasst uns Menschen machen ...»?[54]

---

[52] Exodus 3,6.

[53] Belege über JHWH und «seine» Aschera sind vor allem auf Tonscherben enthalten. Aus den biblischen Texten wurden sie später durch gewiss unverheiratete Redaktoren getilgt. Deren Gründlichkeit lässt allerdings zu wünschen übrig, vor allem in 2. König 21,7: «Und das Standbild der Aschera, das er gemacht hatte, stellte er in das Haus, von dem der HERR zu David und zu Salomo, seinem Sohn, gesagt hatte: In diesem Haus und in Jerusalem, das ich erwählt habe aus allen Stämmen Israels, werde ich meinen Namen niederlegen für alle Zeiten.»

[54] Genesis 1,26.

Wie dem auch sei, Gott musste Junggeselle werden, und sei es nur, um sich zu unterscheiden von den Nachbargöttern. Bei anderen Völkern waren damals kopulierende Götterpaare durchaus üblich, in einigen Kulturen wurde die Entstehung der Welt und des Menschen einem solchen Akt zugeschrieben.

Überreste aus Gottes besseren Zeiten sind nur noch in mündlicher Überlieferung zu finden: Eine alte Legende erzählt, dass Gott sich verliebte in eine schöne junge Frau, die vor ihm tanzte, und dass er darüber so sehr in Verzückung geriet, dass er augenblicklich die Welt erschuf. (Sagte da jemand etwas von *intelligent design*?)

«Höre, Israel: Der HERR, unser Gott, ist der einzige HERR.»[55] Das war (vorläufig) das triumphale Resultat einer langen Entwicklung: Unser Gott hat gesiegt. Und so, als Herr und Meister, ist der Gott Israels in unsere Zeitrechnung und in die Kirchengeschichte hineinspaziert. Sozusagen.

[55] Deuteronomium 6,4.

Kirche und Theologie:
Gott als allmächtiges höheres Wesen

Wir glauben alle mit dem Herzen und bekennen mit dem Mund,
dass es ein einziges und einheitliches Wesen gibt, das wir Gott nennen:
ewig, unfassbar, unsichtbar, unveränderlich, unendlich, allmächtig,
vollkommen weise, gerecht und gut und überfliessende Quelle alles
Guten.[56]

Wir machen einen grossen Sprung ins 1. Jahrhundert unserer Zeitrechnung, in die Zeit, da die Kirche entstand. Unterdessen war einiges passiert: Babylonier, Perser, Griechen, Ägypter, Römer kamen und gingen und nahmen bleibenden Einfluss auf die Religion Israels und das frühe Christentum. Namentlich die griechische Philosophie hinterliess ihre Spuren mit ihrer Idee, dass Gott ein «übernatürliches Wesen» sei.

Als die Kirche entstand, war der Gott der Bibel bereits mehr oder weniger zu einem philosophischen Begriff geworden. Worte aus biblischen Erzählungen wurden aus dem Zusammenhang gerissen und umgeformt zu Attributen, die ein Eigenleben entwickelten. Begriffe wie «unveränderlich» oder «unendlich» kommen in der Bibel nicht vor, von einem «Wesen» ist keine Rede, geschweige denn davon, dass dieses «einzig und einheitlich» sei. Gott wird immer abstrakter und unbiblischer.

Die Autoren der Bibel hatten von Gott gerade nicht in Abstraktionen, sondern in Bildern gesprochen: Gott ist wie ein Vater, wie ein Hirt, wie ein König.

Mit dem Aufkommen der Theologie verschwand das Wörtchen «wie». Bilder wurden wörtlich verstanden. Was in mythologischer Sprache verfasst worden war, wurde als Tatsachenbericht ausgegeben. Das Wort «Gott», ursprünglich ein Erfahrungswort, war zum Spielball der Theolo-

---

[56] Artikel 1 des Niederländischen Glaubensbekenntnisses.

gen geworden. Alle Gefühle, die einst mit dieser Erfahrung verbunden gewesen waren, wurden ihr entzogen. Die Gläubigen mussten fortan mit einem unfassbaren, unwandelbaren, eiskalten Gott auskommen. Die Diskrepanz zwischen dem Gott der Bibel und dem Gott der Theologen wurde immer grösser. Im Buch Exodus heisst es, dass Gott «herabstieg»[57], gleichsam sagt: «Ich bin gerade nicht wie alle anderen Götter, die unbeweglich auf ihren Thronen sitzen, ich gehe mit euch.» Dieser betroffene Gott, der nur dort sein kann, wo die Menschen sind, wird der Idee geopfert, dass es da neben unserer natürlichen Welt noch eine andere übernatürliche gebe, wo die Götter wohnen. Er musste also umziehen. Er, der einst wie einer von uns zu Fuss durch den Wüstensand gezogen war, erhielt jetzt einen neuen Status als transzendentes höchstes Wesen. Er wurde «der grosse Boss da oben», der Generaldirektor des Himmels und der Erde, wobei das irdische Werk fortan dem Sohn und dem Heiligen Geist überlassen war. Armer Gott! Aber das Schlimmste kam noch.

Gott der Allmächtige

Der oben beschriebene Prozess setzt sich auch nach dem Jahr Null noch unvermindert fort: Um Gottes Übermacht hervorzuheben, wurde er behängt mit Attributen, die ihn von der Konkurrenz unterscheiden mussten. Er musste zumindest können, was alle anderen bekannten Götter konnten. Nach einer gewissen Zeit konnte er eigentlich alles. Damit begann die Konservierung dessen, was sich erst in unserer Zeit für Gott als gar nicht bekömmlich erweisen sollte: Er wurde allmächtig!

Es sollte sich als ein Irrtum mit Langzeitwirkung erweisen, um nicht zu sagen: als ein kapitaler Fehler. Die Saat dessen, was heute Säkularisation heisst, wurde damals gesät, die Vorratskammern des späteren Atheismus wurden gefüllt.

Aus biblischer Sicht waren mit der Erklärung Gottes zum Allmächtigen die letzten Sicherungen durchgebrannt. Das Wort «Allmacht» steht für das hebräische Wort *schaddai*, das eigentlich unübersetzbar ist; «allmäch-

---

[57] Exodus 3,8.

tig» kommt ihm aber doch noch am nächsten. Martin Buber[58] übersetzt es mit «der Gewaltige»[59]. Das Wort *schaddai* bezeichnet etwas Grossartiges, Überwältigendes, etwas, das Respekt einflösst. Es wird etwa gebraucht, um einen Berg zu beschreiben, der sich mächtig erhebt, über den man nicht hinwegkommt, der Eindruck macht. Dieses Wort stellt sich auch ein, wenn man versucht zu benennen, was mit und zwischen Menschen geschehen kann, dass es so etwas gibt wie Freundschaft, wie Treue: Das ist gewaltig!

Ursprünglich muss *schaddai* denn auch ein Erfahrungswort gewesen sein. Die spätere kirchliche Theologie eignete es sich an, um Gott aufzutakeln zu einem Wesen, das alles kann. So wurde «allmächtig» eine göttliche Eigenschaft und Gott eine Supergrossmacht: der Allmächtige.

In Glaubensbekenntnissen und Gebetbüchern erscheint «Allmacht» als eines der hervorragenden Attribute Gottes. Mit dogmatischen Werken zu diesem Thema könnte man ganze Bücherregale füllen. Aus ihnen geht klar hervor, dass der Allmächtige wenig biblische, dafür umso mehr kirchliche Ausweise hat und dass diese erst noch Kopien sind, und dazu noch schlechte. Dabei war doch ein so gutes Original vorhanden! Die Griechen hatten mehrere Götter, die zusammen das Pantheon bildeten. Zeus war der oberste Gott. Der konnte zwar manches, aber nicht alles, was die anderen konnten. Die Macht war geteilt, jeder Gott hatte seine spezielle und begrenzte Macht. Den Fehler, den die Kirche später machen sollte, machten die Griechen nicht: Sie vereinigten keine unvereinbaren Eigenschaften in *einem* Gott.

Nicht nur im biblischen Sinn ist Allmacht ein unhaltbarer Begriff: Er ruft auch unbeantwortbare Fragen hervor. So ist etwa immer noch nicht klar, ob Gott Rätsel ersinnen kann, die er selbst nicht lösen kann; doch das sind Spielereien von Theologen und Atheisten.

---

[58] Martin Buber, jüdischer Religionsphilosoph (1878–1965); vgl. Die Schrift aus dem Hebräischen übertragen von Martin Buber und Franz Rosenzweig (1926–1929).
[59] Deutsch im Original.

Peinlicher oder grausamer ist, dass das Wort «Allmacht» beigetragen hat und immer noch beiträgt zur Vorstellung von einem Gott, der das Böse verhindern kann. Die Gläubigen nagten und nagen noch immer daran: Wenn er es doch kann, warum greift er nicht ein? Wenn Gott doch alles kann, was er will, warum sind dann so viele Menschen unglücklich? Warum sterben so viele junge Menschen? Es gab und gibt vorderhand keine Lösung: Wenn Gott das Böse nicht verhindern kann, dann ist er nicht allmächtig, und wenn er es kann und dennoch nicht tut, dann ist er ein Sadist.[60]

Gott kann nicht gleichzeitig allmächtig und gut sein; die beiden Eigenschaften sind nicht kompatibel. Und genau damit, dass sie diese beiden gegensätzlichen Attribute an Gott festmachte, zog sich die Kirche selbst die Schlinge zu.

Warum Gott gut nennen? Ich würde mich zwar nicht so ausdrücken wie Richard Dawkins[61] (er nennt Gott einen kleinlichen, unversöhnlichen, hasserfüllten, blutrünstigen, quengelnden, unberechenbar bösartigen Tyrannen), aber nun zu behaupten, der Gott des Alten Testaments sei ein guter Kerl gewesen, nein!

Aber die Kirche konnte nicht mehr hinter ihre eigene Lehre zurück, fand sie jedenfalls. Doch nur durch einen radikalen Schnitt zwischen Gott und dem Bösen wäre Raum geschaffen worden für einen glaubwürdigen Glauben an Gott. Markion[62] hatte schon im 2. Jahrhundert n.Chr. nach

---

[60] Der griechische Philosoph Epikur hat schon 300 Jahre v. Chr. davor gewarnt: Entweder will Gott das Böse aus der Welt schaffen, kann es aber nicht; oder er kann es wegschaffen, will es aber nicht; oder er will es nicht und kann es nicht.

[61] Wörtlich schreibt Dawkins: «Der Gott des Alten Testaments ist – das kann man mit Fug und Recht behaupten – die unangenehmste Gestalt in der ganzen Literatur: Er ist eifersüchtig und auch noch stolz darauf; ein kleinlicher, ungerechter, nachtragender Überwachungsfanatiker; ein rachsüchtiger, blutrünstiger ethnischer Säuberer; ein frauenfeindlicher, homophober, rassistischer, Kinder und Völker mordender, ekliger, grössenwahnsinniger, sadomasochistischer, launisch-boshafter Tyrann.» (Der Gotteswahn, Berlin 2007, 54).

[62] Markion von Sinope († 160).

einem Ausweg gesucht, indem er vorschlug, die Verantwortung für den Lauf der irdischen Dinge einem niedrigeren Schöpfergott zuzuweisen und den echten, guten Gott so rauszuhalten. Andere Religionen konnten sehr gut leben mit der Vorstellung des Bösen als einer selbständigen Macht neben Gott, und wahrscheinlich ist allein schon deshalb der Vorschlag Markions vom theologischen Mainstream als Ketzerei abgetan worden. Augustin hielt im 4. Jahrhundert noch einmal ausdrücklich fest: «Das Böse geschieht zwar gegen Gottes Willen, aber nicht ausserhalb Gottes Willen.» Ein Satz, den wohl nur er selbst kapierte.

Auch später liess sich die Kirche weder durch Erdbeben noch durch Epidemien noch durch Vulkanausbrüche irremachen (Gott hatte ja nicht umsonst gesagt: «Und siehe, es war gut»[63]). Im Gegenteil: Das Niederländische Glaubensbekenntnis lautet, was die Allmacht Gottes betrifft, unmissverständlich: «allmächtig, vollkommen weise, gerecht, gut und eine überfliessende Quelle alles Guten». Armer Gott. Ausgerechnet weil er gut war, rückte er in ein schiefes Licht.

Die Atheisten lachten sich ins Fäustchen. In den eigenen vier Wänden allerdings, nicht in der Öffentlichkeit, denn Letzteres wäre nicht ratsam gewesen im Blick auf die Scheiterhaufen und anderes Werkzeug, das die Kirche zur Hand hatte, um der Rechtgläubigkeit Nachdruck zu verschaffen. Doch sie hatten recht, und sie sollten auch recht bekommen: Die Frage nach der Herkunft des Bösen ist ein Problem für alle Menschen, Gläubige und Ungläubige, und sofern Menschen selbst etwas dafür können, muss Gott nicht fälschlich beschuldigt werden, und sofern Menschen nichts dafür können, auch nicht. Warum liess Gott zu, dass dieses Kind überfahren wurde? Die Antwort ist Atheismus: Gott gibt es nicht. Zum Glück nicht.

Doch so weit war man damals noch nicht. Die Kirche war durch ihre Einheit mit dem Staat eine mächtige Institution. Mit dem Himmel in der einen und der Hölle in der anderen Hand kam sie relativ mühelos durchs Mittelalter.

---

[63] Genesis 1,31: «Und Gott sah alles an, was er gemacht hatte, und siehe, es war sehr gut.»

Inzwischen sind wir gut vierhundert Jahre weitergekommen. Was die Zeit, nicht was die Allmacht betrifft. Da hat sich offiziell gar nichts verändert: Die mittelalterlichen Bekenntnisschriften sind nach wie vor unverändert Teil der Glaubenslehre der Protestantischen Kirche der Niederlande. Anders gesagt: Wenn man der Kirche eine Frage des 21. Jahrhunderts stellt, bekommt man eine Antwort aus dem 16. Jahrhundert.

Es wird denn auch nicht so ohne weiteres eingestanden werden, aber die Rede von der Allmacht Gottes ist ein kirchlicher Irrtum, mit dem die Gläubigen jahrhundertelang zum Narren gehalten wurden. Oder noch deutlicher: Das ist das reinste Heidentum, weg damit! Daran herumzudoktern, hat keinen Sinn. Es ist versucht worden mit «beschränkter Macht», «wehrloser Macht» oder «schwacher Kraft, die am Ende siegen wird». Auf atheistischer Seite erntete man damit nur Spott und Hohn (zahnloser Tiger). Und zu Recht, denn das waren schliesslich nur Ausreden, um von Gottes Macht über das Böse wegzukommen. Und sofern das Versuche waren, die Entleerung der Kirchen zu bremsen, erreichte man das Gegenteil: Auch die Gläubigen konnte man damit nicht überzeugen. Für viele von ihnen bedeutete der Abschied von der Allmacht Gottes auch den Abschied von Gott und von der Kirche. Der Massenauszug aus der Kirche, der nach dem Zweiten Weltkrieg begann, ist noch immer in vollem Gang. Ich freue mich darüber, nicht nur als Atheist, sondern auch als Pfarrer: Lieber keine Kirche als eine Kirche, in der wider besseres Wissen an etwas Unmöglichem festgehalten wird.

Was aber bleibt von Gott, wenn er nicht mehr allmächtig ist? Für mich bedeutet der Abschied von der Allmacht keinen Abschied von Gott. Im Gegenteil, ich bin froh, dass ich an einen nichtallmächtigen Gott glauben kann. Darum stelle ich die Frage anders: Wenn Gott nicht allmächtig ist, gibt es dann noch etwas zu glauben?

Doch davon handelt erst das 2. Kapitel.

Wissenschaft

Welches ist der Unterschied zwischen einem Gelehrten, der die kleinsten und ungeahntesten Lebenserscheinungen im Mikroskop beobachtet, und dem alten Landmann, der kaum lesen und schreiben kann, wenn er im Frühling sinnend in seinem Garten steht und die Blüte betrachtet, die am Zweige des Baumes aufbricht? Beide stehen vor dem Rätsel des Lebens, und einer kann es weitgehender beschreiben wie der andere, aber für beide ist es gleich unergründlich.[64]

Bis jetzt ging es um das, was die Kirche bis zum Ende des Mittelalters mit Gott und dem Glauben gemacht hat. Bis zum Aufkommen der Wissenschaften erfuhr sie dabei keinen ernsthaften Widerspruch.

Bevor ich im Folgenden auf die «Segnungen» der Wissenschaft zu sprechen komme, will ich noch kurz skizzieren, wie sich die Wissenschaften in den vergangenen Jahrhunderten etablierten. Anschliessend werde ich dann aber auch auf ihre Grenzen hinweisen – nur schon deshalb, weil viele Wissenschaftler Atheisten sind.

Kirche und Wissenschaft sind, gelinde gesagt, nie Freunde gewesen. Damit ist mehr über Theologen und Wissenschaftler gesagt als über Gott und Glauben. Ich werde zum Schluss kommen, dass Gläubige und Wissenschaftler, vorausgesetzt, dass sie sich beide an die Hausordnung halten, keine Konkurrenten sein müssen. Sie können sogar Bundesgenossen sein im Kampf gegen den Aberglauben. Da eine bestimmte Form des Aberglaubens – nämlich die Idee, dass die Entstehung des Kosmos und Gott etwas miteinander zu tun hätten – sowohl unter Gläubigen wie unter Atheisten

---

[64]   Aus einer Predigt von Albert Schweitzer, 16. Februar 1919; hier zit. nach: Albert Schweitzer, Strassburger Predigten (Beck'sche Reihe 307), München ³1993, 128.

weit verbreitet ist und sich hartnäckig behauptet, werde ich noch je einen Abschnitt der Evolutionstheorie und dem *intelligent design* widmen.

Die Entwicklung der Wissenschaften – ein kurzer Überblick über vier Jahrhunderte

Du bist hier, weil du etwas weisst; was du weisst, kannst du nicht erklären, aber du fühlst es. (...) Verstehst du, was ich meine?[65]

Bis zum Ende des Mittelalters war Gott, weil die Kirche es lehrte und es keine Alternative gab, die Erklärung für alles, was man nicht verstand. Von Spannungen zwischen Kirche und Wissenschaft war nicht die Rede, und für den Fall, dass solche drohten, hatte die kirchliche Lehre immer das letzte Wort. Die Vernunft war dem Glauben unterstellt.

Nach dem 16. Jahrhundert, in der Zeit der Reformation und der Gegenreformation, begannen sich die Dinge zu verändern. Galilei riskierte sein Leben mit der Behauptung, dass sich die Erde um die Sonne drehe und nicht umgekehrt. Das war ein Problem, weil dann ja die Bibel unrecht gehabt hätte, hatte doch Josua auf Befehl des Allmächtigen gesagt: «Sonne, steh still.»[66] Die Kirche reagierte auf die damals übliche Weise: Widerruf oder Scheiterhaufen. Galilei war weise und entschied sich für die erste Option. Es war noch zu früh, um ungestraft freiheraus zu reden.

Was er verkündet hatte, war keineswegs neu, sondern nur eine Bestätigung dessen, was Kopernikus ein paar Jahre zuvor (übrigens erst auf seinem Sterbebett) gesagt hatte. Und das wiederum war auch nicht neu: Aristarch von Samos, ein griechischer Astronom, hatte im 3. Jahrhundert v. Chr. bereits vermutet, dass sich die Erde um die Sonne drehe. Neu war, dass Galilei es sagte, und dass er es laut sagte. Es muss ja allgemein bekannt gewesen sein, zumindest in den gebildeten Kreisen des Klerus. Ich würde wetten, dass die Erkenntnisse Aristarchs hinter den verschlossenen Türen des Vatikans längst bekannt waren, als Galilei seine Stimme erhob.

---

[65] Morpheus zu Neo im Film *The Matrix* (1999).
[66] Josua 10,12.

Die Autorität der Schrift stand damals noch fest wie eine Burg. Die Bibel war von der ersten bis zur letzten Seite Gottes Wort. Aber die Mauern begannen schon zu bröckeln. Die Wissenschaft stellte den Wahrheitsanspruch der Bibel mit eigenen Erklärungen in Frage. Ermuntert durch Descartes und Spinoza und später durch Kant begannen die Leute selbst laut zu denken. Der Druck auf die Kirche nahm zu: Mit der Geburt von Isaac Newton lag auch schon die moderne Physik in den Windeln.

Nach dem 16. Jahrhundert begann die Dominanz der Religion allmählich abzunehmen. Der Mensch rückte in den Mittelpunkt. Descartes hatte es vorausgefühlt: «Ich denke, also bin ich», ich kann denken, und ich denke, dass alles, was wir bisher über Gott zu wissen meinten, Menschenwerk ist. Das Zeitalter der Aufklärung kündigte sich an.

Die Welt veränderte sich mit ungeheurer Geschwindigkeit: Die Menschen wurden freie, mündige Individuen, die moderne Wissenschaft lieferte Antworten auf Fragen, die man zuvor nur unter Zuhilfenahme von Gottes Allmacht hatte beantworten können. Und der Druck auf die Kirche kam nicht nur von aussen, durch die Naturwissenschaften, sondern auch von innen, durch die Entwicklung der Bibelwissenschaften, die sich allmählich von der kirchlichen Zensur befreiten. Textkritik und Überlieferungskritik brachten die Unhaltbarkeit verschiedener klassischer religiöser Vorstellungen zum Vorschein.

Im 19. Jahrhundert kam dann die liberale Theologie auf, die sich offen gab für neue wissenschaftliche Einsichten. Die Offenbarung galt nun nicht mehr als die einzige Quelle vernünftiger Erkenntnis. Die Kirche versuchte sich dem aufkommenden Individualismus anzupassen, indem sie den Glauben als eine Sache für das Gemüt ausgab. Dadurch kam es nicht mehr so genau darauf an, was jetzt präzis in der Bibel stand und wie glaubwürdig das war. Aber der Spielraum war begrenzt, denn schliesslich ging es natürlich nicht um das, was sich im Gemütsleben eines Gläubigen abspielt, sondern um das, was Gott von uns verlangt. Das heisst: um nichts; aber das wird die Kirche nie zugeben.

Je mehr Gottes Allmacht in Frage gestellt wurde, einen desto schwereren Stand hatte Gott. Noch vor dem Ende des 19. Jahrhunderts erklärte ihn Nietzsche für tot.

Doch so weit war es noch nicht, auch wenn Gott einigermassen zerzaust den Übergang ins 20. Jahrhundert schaffte. Zwei Weltkriege später begannen die Menschen allmählich und schliesslich in Massen die Kirche zu verlassen. Zum Vergleich: Zu Beginn des vorigen Jahrhunderts war Unkirchlichkeit noch die Ausnahme. Fünfzig Jahre später rechneten sich noch achtzig Prozent der niederländischen Bevölkerung einer Kirche zugehörig, heute, noch einmal fünfzig Jahre später, sind es noch ungefähr zwanzig Prozent.

Damit sind wir wieder zurück in der heutigen Zeit. Das Ende von Gott und Kirche und Glauben steht nahe bevor. Im 4. Kapitel werde ich zeigen, dass es nicht so weit kommen muss.

Doch zunächst zur Bilanz dessen, was ich die «Segnungen» der Wissenschaft nenne.

Segnungen

Sage nicht: Wie kommt es, dass die früheren Zeiten besser waren als die jetzigen? Denn nicht aus Weisheit fragst du so.[67]

Sowohl Atheisten als auch Gläubige sollten der Wissenschaft dankbar sein. Was die Atheisten betrifft, ist das allerdings nicht gesagt. Die müssten sich ja dadurch gestärkt fühlen, dass nun durch die Wissenschaft vieles erklärt ist, was man früher Gott zuschrieb. Und sie warten vielleicht gespannt auf den Moment, da auch der Urknall und die Evolutionstheorie unwiderlegbare wissenschaftliche Wahrheiten sein werden. Ich will ihnen die Freude nicht verderben, sondern erinnere bloss daran, dass ihre Position desto schwieriger wird, je weniger von Gott übrigbleibt. Ein Atheist bestreitet ja nur, was andere von Gott behaupten. Wenn ich bloss Atheist wäre, würde ich der Zukunft mit Sorge entgegensehen.

Es sind vor allem die Gläubigen, die sich freuen sollten. Dass sie nicht länger mehr Angst haben müssen vor Teufeln, bösen Geistern, Hölle und Verdammnis, das verdanken sie der Wissenschaft. Viele Gläubige sind

---

[67]   Kohelet 7,10.

von altem Ballast erlöst. Ihr Glaube wurde nicht untergraben, sondern «entschlackt» *(«schoongebrand»)*[68]. Er ist befreit von: «Was du nicht weisst, musst du eben einfach glauben». Dank der Wissenschaft gibt es jetzt vieles, was wir wissen und daher nicht mehr auf Befehl einer Autorität annehmen müssen. Das kann man eine «Verschlankung» des Glaubens nennen. Ist ganz gesund!

Doch bequemer ist er dadurch nicht geworden. Denn wir wissen zwar nun, dass manches sich nicht so verhält, wie wir früher dachten, aber damit wissen wir noch nicht, wie es sich denn verhält. Doch den Gläubigen zum Trost sei gesagt: Es ist ganz biblisch zu wissen, dass es sich nicht so verhält, wie man vorher dachte. Man lese bloss die Geschichte von Elija[69]: Ein Gläubiger weiss nie Bescheid.

Wenn ich für mich selbst reden darf: Dank der Wissenschaft habe ich vielen Dingen einen Platz geben können. Wenn ich im 16. Jahrhundert gelebt hätte, hätte ich wahrscheinlich noch gemeint, die Erde sei eine flache Scheibe, auf die es regnet, wenn Gott oben die Schleusen öffnet. Und es wäre mir nicht bewusst gewesen, dass von einer Jungfrau geboren zu werden kein biologisches Wunder ist, sondern eine Minimalanforderung an einen Religionsstifter, und dass in dieser Hinsicht Jesus in Osiris einen Vorgänger hatte, dem seine Jünger und deren Schreiber vieles abgeguckt haben.[70]

---

[68] Der Ausdruck wurde übernommen von Han Adriaanse, emeritierter Professor für Theologie.

[69] Ich meine die Geschichte in 1. Könige 19: Gott war nicht zu finden im Sturmwind, nicht im Erdbeben, nicht im Feuer … (19,11).

[70] Viele Aussagen über Jesus stammen aus der Zeit vor seiner Geburt und sind mehr oder weniger, bisweilen sogar wörtliche, Kopien dessen, was Jahrhunderte früher dem ägyptischen Gott Osiris nachgesagt wurde: dass er von einer Jungfrau geboren wurde, besucht wurde von Weisen aus dem Osten, die einem Stern folgten, Wasser in Wein verwandelte, Dämonen austrieb, für dreissig Silberlinge verraten wurde, an einem Kreuz starb, hinunterfuhr in die Hölle, am dritten Tag auferstand aus dem Tod, in den Himmel auffuhr und Platz nahm zur Rechten Gottes und so fort.

Darum verstehe ich auch, warum Matthäus «junge Frau» im Buch Jesaja mit «Jungfrau» übersetzt hat.[71] So weiss ich auch, dass Noah nie in einer Arche gesessen hat, Jesus nicht übers Wasser gehen konnte, nie eine Bergpredigt gehalten hat, keine Toten auferweckt hat, aber auch, warum ihm das nachgesagt wird. All das ist der Wissenschaft zu verdanken. Ich habe nicht das Gefühl, dass mir dadurch etwas abhandengekommen wäre oder dass mir etwas fehlte. Im Gegenteil: Es ist etwas dazugekommen. Weil ich meinen Verstand nicht mehr umgehen muss, ist Glauben für mich eine spannende und inspirierende, manchmal sogar lustige und zum Glück ab und zu ermutigende und tröstliche Erfahrung geworden.

Natürlich denken nicht alle Gläubigen so. In manchen orthodoxen Kreisen kümmert man sich überhaupt nicht um die Entdeckungen der Wissenschaft. *Die* Wahrheit ist dort schon im 16. Jahrhundert ein für alle Mal festgelegt worden. Die Reaktion bleibt denn auch beschränkt auf die Feststellung, dass die Wissenschaft sich irrt, wenn sie etwas verkündet, was der Lehre der Kirche widerspricht. Die Autorität der Bibel gilt hier in vollem Umfang, an Gottes Allmacht wird nicht gezweifelt.

Der Wissenschaftler steht zähneknirschend daneben und kann lediglich konstatieren, dass der Gläubige den Verstand verloren hat. Die Formulierung seiner Schlussfolgerung könnte dezenter sein, doch im Grunde genommen hat er recht: Der Gläubige traut seinem Verstand weniger zu als einer mittelalterlichen Glaubenslehre, die ihm erlaubt, auch Unmögliches für möglich zu halten. Doch der Wissenschaftler, der dann in atheistischem Übermut feststellt, dass «alle Religion Unsinn und aller Glaube Schwachsinn sei», zieht einen höchst unwissenschaftlichen Schluss, denn die Orthodoxie, die er vor Augen hat, macht nur einen kleinen Teil aller Gläubigen aus.

Leider, und das ist die Not – meine Not –, ist diese Gruppierung in meiner Protestantischen Kirche der Niederlande übervertreten. Nicht zahlenmässig, aber aufgrund einer Gewichtung des Stimmrechts. Das führt

---

[71] Jesaja 7,14 («Seht, die junge Frau ist schwanger, und sie gebiert einen Sohn») bzw. Matthäus 1,23 («Siehe, die Jungfrau wird schwanger werden und einen Sohn gebären»).

so weit, dass Diskussionen über Wahrheit nur noch nach dem Motto: «schlucken oder ersticken» geführt werden: Dass Jona von einem Walfisch verschluckt wurde und drei Tage lang nicht erstickt ist, ist eine historische Tatsache. Ein Gespräch über die Möglichkeit, dass ein Zusammenhang besteht zwischen den wachsenden wissenschaftlichen Erkenntnissen und der Tatsache, dass die Kirche in den letzten Dezennien um die Hälfte geschrumpft ist, ist in diesen Kreisen ausgeschlossen. Ganz zu schweigen von der Möglichkeit, die kirchliche Lehre entsprechend zu verändern. Harry Kuitert hat wiederholt den Finger auf diesen wunden Punkt gelegt: «Die Kirche kann von den exegetischen Erkenntnissen nicht profitieren, denn dazu müsste sie ihre Lehre ändern, und das will sie nicht.»[72] Warum nicht? Angst? Das wäre wahrhaftig nicht nötig. Die Allmacht der Wissenschaft ist begrenzt, die nimmt euch den Glauben gewiss nicht weg.

Grenzen

Die Wissenschaft kann nur feststellen, was ist, nicht, was sein soll.[73]

Die Wissenschaft kann nicht alles erklären. Angesichts dessen, was den Menschen verstummen lässt – Bewunderung, Rührung, Betroffenheit –, hat auch die Wissenschaft nicht das letzte Wort. Über Gott hat sie nichts zu sagen. Ein Wissenschaftler kann nicht einmal sagen, dass es Gott nicht gibt. Ich kann mir das erlauben, denn ich erhebe nicht den Anspruch, einen wissenschaftlichen Beweis dafür zu liefern. Immerhin öffne ich damit die Tür, denn was ich dann über Gott sage, kann wissenschaftlich untersucht werden. Wenn ich aber sage, dass ich an Gott glaube, dann mache ich die Tür wieder zu.

---

[72] Wörtlich schreibt Kuitert: «Auf historische Fragen gibt die Kirche eine dogmatische Antwort, eine Antwort in Form der Lehre der Kirche. Und die Lehre können die Kirchen nicht ändern, ohne sich selbst aufzugeben.» (Schiften. Wat er in de christelijke geloofswereld toe doet en wat niet [«Sichten. Was sich in der religiösen Welt tut und was nicht»], Kampen 2004, 140).

[73] Albert Einstein, in: Philosophy and Religion, A Symposium (1941).

Bedeutet das, dass die Wissenschaft auch nichts über den Glauben sagen kann? In meinem Fall jedenfalls wenig, denn ich glaube nichts, was mein Verstand bestreitet. Das heisst aber nicht, dass ich an nichts glaube, was meinen Verstand übersteigt. An solches glaube ich wohl. Aber dem kommt auch die Wissenschaft nicht bei.

In anderen Fällen, zum Beispiel, wenn ein Gläubiger behauptet, die Israeliten hätten in der Wüste ein goldenes Kalb hergestellt, hat der Wissenschaftler sehr wohl etwas dazu zu sagen. Er wird zu bedenken geben, dass die Nomaden der Bronzezeit unmöglich über die dazu nötige Technik verfügten. Aber er kommt nur deshalb zu Wort, weil sich der Gläubige auf sein Terrain hinausbegeben hat.

Andersherum ist das Verkehren schwieriger, denn der Glaube ist nur zum Teil ein vernunftgemässer Akt. Wenn ich sage, dass ich mich fühle wie Petrus, als er über das Wasser ging, dann kann mir der Wissenschaftler zwar erklären, dass und warum niemand über Wasser gehen kann, und er hat recht und bekommt auch recht. Aber mein Gefühl bleibt. Da geht es um eine Erfahrung, um etwas, das mich berührt hat, und damit hat Glaube alles und Wissenschaft wenig bis nichts zu tun. Eine Erfahrung ist kein Ergebnis verstandesmässiger Überlegungen; ich kann sie nicht begründen, und die Wissenschaft kann sie nicht widerlegen.

Gelegentlich höre ich Leute sagen: «Das weiss ich nicht, ich glaube es.» Da darf durchaus noch ein wenig nachgefragt werden: Heisst glauben für dich denn «annehmen»? Aber es geht nicht an, diesen Satz – wie es die Atheisten zu tun pflegen – in sein Gegenteil zu verdrehen und zu sagen: Was ich nicht weiss, das kann ich auch nicht glauben. So macht man die Vernunft zur Alleinherrscherin: Was über das Fassungsvermögen des Hirns geht, ist irrelevant. Wer so redet, begibt sich aufs Glatteis; die Vernunft zur Norm auszurufen, grenzt an Willkür. Menschen tun nämlich nicht nur Dinge, die vernünftig sind, sondern auch Dinge, die Spass machen oder angenehm sind. Die Börse etwa zeigt sehr schön, wie irrational es unter Rationalisten zugehen kann.

Glaube und Wissenschaft beissen einander nicht

Im Haus meines Vaters sind viele Wohnungen.[74]

Wissenschaftler und Gläubige brauchen keine Konkurrenten zu sein. Ich würde sie zwar in je verschiedenen Wohnungen unterbringen, doch könnten sie durchaus im selben Haus wohnen. Wie verschieden ihre Perspektive auch sein mag, wenn sie morgens die Fensterläden öffnen, sehen sie doch beide dieselbe Sonne aufgehen. Sie sehen sich um und bewegen sich in der gleichen Wirklichkeit.

Dieser Vorstellung von einem Zusammenleben im selben Haus steht die Auffassung derer entgegen, die für eine Gütertrennung plädieren. Ausgehend von der Idee, dass der Gläubige und der Wissenschaftler in Welten leben, die sich nicht berühren, teilen sie die Wirklichkeit gleichsam in zwei Bereiche: Im einen Haus sitzt der Wissenschaftler, der erklärt, wie die Welt entstanden ist, im anderen sitzt der Gläubige und fragt, warum wir da sind. Kurzum: Die Wissenschaft erklärt; der Glaube gibt Sinn. Auf diese Weise wird nicht nur die Wirklichkeit gespalten, sondern auch der Mensch: Der Wissenschaftler gilt als objektiv, der Gläubige als subjektiv, und ein gläubiger Wissenschaftler als schizophren: «Ein Wissenschaftler, der noch an Gott glaubt, muss wohl eine gespaltene Persönlichkeit sein.»[75]

Es gibt eine andere, vernünftigere Sichtweise: Ich schliesse mich Ronald Meester an, einem Wissenschaftler,[76] der für eine Sicht der Wissenschaften plädiert, in der auch Glaube oder Weltanschauung Platz haben: «Religion und Wissenschaft haben beide zum Ziel, mehr von der Welt um uns herum begreifbar zu machen, gehen aber auf verschiedene Weise an das Problem heran. Wenn die Sonne aufgeht, wird der Wissenschaftler sagen, das komme davon, dass sich die Erde um ihre Achse dreht, was wiederum mit den Newton'schen Gravitationsgesetzen erklärt werden

---

[74] Johannes 14,2.
[75] Ausspruch eines Nobelpreisträgers, zitiert in: Arie van den Beukel, Waarom ik blijf («Warum ich bleibe»), Baarn 2003, 147.
[76] Ronald Meester, Professor für Mathematik.

kann. Für einen Wissenschaftler ist diese Antwort befriedigend, aus wissenschaftlicher Perspektive zumindest. In der Perspektive des Gläubigen spielen da noch ganz andere Dinge mit. Da ist der Mensch in Beziehung mit etwas, das er vielleicht ‹Gott› nennt, indem er zum Beispiel dankbar ist, dass die Sonne überhaupt aufgeht, etwas, das in der Wissenschaft nicht vorkommt. In der Wissenschaft werden die Dinge erklärt, in der Religion werden sie gedeutet.»[77]

Dass die Sonne morgen aufgehen wird, ist eine Hypothese (...) [78]

Wissenschaftler und Gläubige sind zuerst einmal Menschen. Sie steigen am Morgen in denselben Zug, sie leben nicht in getrennten Welten. Und beide stellen ihre Fragen nach dem Warum an die gleiche Wirklichkeit. Bloss ihre Perspektive ist eine andere. Der Wissenschaftler fragt nicht, warum die Sonne aufgeht, das weiss er. Das hindert ihn aber nicht, sich darüber zu verwundern, dass dies heute wieder geschehen ist und dass er nicht mit Bestimmtheit voraussagen kann, dass es morgen wieder geschehen wird; das weiss er nämlich nicht. Und beide – der Wissenschaftler wie der Gläubige – stellen sich ab und zu die Frage, warum sie so leben, wie sie leben; das wissen sie beide nicht. Gott sei Dank! Ich meine: Gott macht der Wirklichkeit nicht Konkurrenz, er ist ein Teil von ihr. Wenn er mitgeht, dann in die eine Wirklichkeit – oder in das eine Haus – hinein, in dem Gläubige und Wissenschaftler gemeinsam leben.

Doch sie haben nicht umsonst eine je eigene Wohnung. Es gibt nicht umsonst Hausregeln. Wenn sie das Territorium des anderen nicht respektieren, kommt es nicht gut. Die Missverständnisse liegen, um im Bild zu bleiben, auf dem Flur.

---

[77] Vgl. Ronald Meester, Het pseudoniem van God («Das Pseudonym Gottes»), Baarn 2003, 16.
[78] Ludwig Wittgenstein, österreichisch-britischer Philosoph (1889–1951), Tractatus logico-philosophicus, 6.36311.

Ich will das zeigen anhand dessen, was unter der Bezeichnung «Gott als Lückenbüsser»[79] bekannt ist: Gott steht für das, was wir nicht verstehen. Früher, in vorwissenschaftlicher Zeit, kam man ohne Gott nicht aus. Je weiter aber die Wissenschaft vorrückte, desto mehr Erklärungen und Hilfsmittel (Kunstdünger, Medikamente, Wettersatelliten) gab es, die Gott überflüssig machten. Die Lücke wurde immer kleiner, mit jeder neuen Entdeckung rückte Gott zurück auf die nächst hintere Verteidigungslinie.

Das diesem Vorgang zugrunde liegende Missverständnis – ich habe bereits darauf hingewiesen – besteht darin, dass Gott in der Vergangenheit mit Fähigkeiten ausgestattet wurde, die von den Nachbargöttern stammten. Dadurch wurde er auch verantwortlich gemacht für ein Terrain, auf dem er nichts zu suchen hatte. Und nachdem er schliesslich noch für allmächtig erklärt worden war, war dieses Terrain unendlich.

Man könnte sagen, dass jetzt Gott eben Stück für Stück wieder weggenommen werde, was er sich in der Vergangenheit unrechtmässig angeeignet hat, aber damit täte man ihm unrecht. Und trotzdem wird es so empfunden. Viele Gläubige haben den Eindruck, dass Gott durch die Wissenschaft langsam, aber sicher aus ihrem Leben vertrieben werde, aber damit tun sie sich unrecht. Wissenschaftler denken inzwischen, dass sie sich angeeignet hätte, was zuvor Gott gehörte – womit sie der Wissenschaft unrecht tun. Atheisten setzen da gern noch eins obendrauf, indem sie Gläubige als Leute bezeichnen, die «noch» an Gott glauben. Sie verkehren in Kreisen von Wissenschaftlern, die überzeugt sind, dass in absehbarer Zeit die letzte Lücke geschlossen und Gott abgeschafft sein wird.[80]

Auf diese Weise werden sich der Gläubige und der Wissenschaftler niemals einig. Das wird erst geschehen, wenn der Gläubige sein Gottesbild von den Attributen der Allmacht, die ihm angehängt wurden, entrüm-

---

[79] Ein Ausdruck, den der deutsche Theologe Dietrich Bonhoeffer (1906–1945) geprägt hat; vgl. ders., Widerstand und Ergebung, Briefe und Aufzeichnungen aus der Haft, Gütersloh 2011, 454f.557.

[80] Zum Beispiel der australische Naturwissenschaftler Paul Davies in *God and the New Physics* (1984): «Meiner Meinung nach bietet die Naturwissenschaft einen sichereren Weg zu Gott als die Religion.»

pelt. Was er dadurch verliert, ist nur Ballast, ihm und seinem Gott nicht zugehörig. Und was der Wissenschaftler sich angeeignet hat, gehörte zuvor nicht in den Bereich Gottes, sondern in den des Unerklärten, mit dem Gott fälschlicherweise in Zusammenhang gebracht wurde. Erst wenn das geklärt ist, können auf dem Flur fruchtbare, lehrreiche und vielleicht sogar freundliche Gespräche stattfinden.

Schöpfung und Evolution: göttliche Äpfel und wissenschaftliche Birnen

«Willst du einen Apfel?», fragte das Mädchen. «Nein», sagte der Junge, «lieber eine Birne.»
Wenn Adam das auch gesagt hätte, stünden wir jetzt anders da.[81]

1633 war Galilei noch gezwungen worden, seine Lehre zu widerrufen. Als Darwin 1859 sein Buch «Über die Entstehung der Arten» publizierte, liessen sich die Leute von der Kirche den Mund nicht mehr verbieten. Darwin hatte herausgefunden, dass nicht zielgerichtete, sondern zufällige Mutationen in Kombination mit natürlicher Selektion die Evolution vorantreiben: Das Resultat der Evolution ist also nicht voraussehbar, sondern, jedenfalls partiell, bestimmt durch den Zufall. Und hinter dem Zufall kann natürlich kein Gott stehen.

Das Erklärungsmodell der Kirche beruhte bis zu jenem Zeitpunkt auf dem Schöpfungsbericht der Bibel: Die Entstehung von Mensch und Tier ist demgemäss gewollt und beabsichtigt. Und was man vom Zufall hielt, war unter anderem im Heidelberger Katechismus, Artikel 10, festgehalten: «Nicht durch Zufall kommen uns die Dinge zu, sondern durch Gottes väterliche Hand.» Der Gegensatz von Schöpfung und Evolution war geboren und sollte ein langes Leben vor sich haben.

Die Aufregung darüber beruht auf einem falschen Dilemma. Im Grunde genommen geht es um einen Scheingegensatz. Der biblische

---

[81] Simon Carmiggelt, niederländischer Schriftsteller und Kolumnist (1913–1987).

Schöpfungsbericht ist keine Evolutionstheorie und die Evolutionstheorie ist kein Schöpfungsbericht. Ich bin ja nicht so oft einverstanden mit Karl Barth, aber seine Bemerkung, «dass man die biblische Schöpfungslehre und eine naturwissenschaftliche Theorie (...) so wenig miteinander vergleichen kann wie (...) eine Orgel mit einem Staubsauger»[82], zitiere ich gern. Nur wenn man «Im Anfang schuf Gott Himmel und Erde» wörtlich auffasst, kommt eine Theorie gegen eine andere zu stehen, gerät man in die Situation eines Entweder-oder.

Doch Genesis 1 ist ein zeitgebundenes Glaubensbekenntnis, das sich durch keine einzige spätere Einsicht «überholen» lässt. Das Problem liegt denn auch nicht so sehr im biblischen Anspruch als vielmehr in der späteren Schöpfungstheologie, die aus Gott Grund und Ziel aller Dinge machte. Im Blick auf die Bibel ist die Evolutionstheorie eine Antwort auf eine nicht gestellte Frage.

Warum sich die Kirche so heftig gegen die Evolutionstheorie gewehrt hat, ist mir nie so ganz klar geworden. Ich vermute, dass es eben schon damals üblich war, Neues einfach darum abzuweisen, weil es neu war. Aber eigentlich wäre das doch *die* Gelegenheit gewesen. Wenn die Kirche zur Zeit Darwins erkannt hätte, dass die Autoren der Bibel nichts Weiteres als dieses «Wenn–dann» behauptet hatten, dann hätte eine kleine Korrektur genügt: Wenn Gott schon entschlossen war, uns entstehen zu lassen, dann hätte die Evolution ja ein integraler Bestandteil dieses Entschlusses des Schöpfers sein können. Das hätte dann auch ein anderes Licht geworfen auf die Frage, warum ein guter Gott eine Welt mit so viel Bösem geschaffen hat. Ich kann da nur stellvertretend für andere phantasieren, doch ich rieche die Vorbehalte schon.[83] Selbstverständlich lasse ich mich nicht darauf ein, weil dieses Problem sich gar nicht stellt, wenn es Gott nicht gibt. Wie dem auch sei, die Kirche liess die Chance fahren, und das hat damit zu tun, dass die Schöpfungslehre, die den Zufall ausschloss, bereits fest

---

[82] Karl Barth in einem Brief an Christine Barth, 18. Februar 1965, in ders.: Briefe 1961–1968 (Gesamtausgabe, Bd. 6), Zürich 1975, 292.

[83] Ich beziehe mich auf die Ausrede, die im Namen Gottes die Evolution für das Böse verantwortlich macht.

in der Dogmatik einbetoniert war. Deshalb galt: Entweder ist der Schöpfungsbericht wahr oder die Evolutionslehre, auf Biegen oder Brechen. Auf Brechen: Erst 1996 räumte Papst Johannes Paul II. ein, dass in der Evolutionslehre ein Kern von Wahrheit stecke. Aber, so setzte er hinzu, sie gelte nur für den menschlichen Körper, wir hätten aber auch noch eine Seele, und die sei uns durch Gott direkt implantiert worden. Er hätte also genauso gut nichts sagen können. Die meisten Gläubigen machen sich keine Sorgen mehr darüber. Gestritten wird nur noch in der Nachhut der beiden übriggebliebenen Parteien. Das sind auf der einen Seite die «Ortho-Atheisten», die lauthals ausrufen, dass sie nicht an die Existenz Gottes glauben, von der doch die Mehrheit der Gläubigen längst Abschied genommen hat, und die inzwischen noch lauter die Frage stellen, warum denn Darwin selbst kein Atheist geworden sei.[84] Auf der anderen Seite stehen die sogenannten Kreationisten, die immer noch aufmucken, indem sie behaupten, dass die Evolutionslehre noch nie bewiesen worden sei. Da sie alles, was in der Bibel steht, wörtlich nehmen, halten sie daran fest, dass Gott die Welt in sechs Tagen erschaffen habe.

Für die meisten heutigen Gläubigen jedoch hat der Glaube inzwischen mehr mit dem Leben selbst zu tun als mit der Suche nach einer Antwort auf die Frage nach dem Ursprung des Lebens. Für sie gehört die Diskussion über die Evolutionstheorie der Vergangenheit an. Das hindert Theologen und Wissenschaftler freilich nicht, das Thema warmzuhalten: Sie streiten weiter über die Frage, wie alles begonnen hat. Seit einiger Zeit ist auch noch ein weiterer Streitpunkt aufs Tapet gekommen: das Konzept eines *intelligent design*.

---

[84]   Über das erste Stadium der Evolution hat sich Darwin nicht ausgelassen. An einen Freund schrieb er: «Es ist purer Unsinn, jetzt über den Ursprung des Lebens nachzudenken.» (Brief an J. D. Hooker vom 29. März 1863; ed. F. Burckhardt/S. Smith, The Correspondence of Charles Darwin, Vol. 11, 1999, 278).

Intelligent design

Die Chance, dass durch Zufall ein Bakterium entsteht, ist so
wahrscheinlich wie die Chance, dass ein über einen Schrottplatz
hinwegfegender Tornado aus Versehen eine Boeing 747 zusammensetzt.[85]

2005 liess die damalige Bildungsministerin Maria van der Hoeven verlauten, dass sie im Sinn habe, neben der Evolutionslehre auch *intelligent
design* ins Lehrprogramm der Mittelschulen aufzunehmen. Damit blies
sie ein altes Feuerchen wieder an: Der «Gottesbeweis from design» wurde
schon im Mittelalter geliefert (ohne Erfolg übrigens).

In Amerika ist das schon seit einiger Zeit ein *hot issue*, aber das ist weiter nicht erstaunlich in einem Land, in dem mehr als die Hälfte der Bevölkerung die Bibel wörtlich nimmt. In den Niederlanden fand das Thema
viel Beachtung nach dem Erscheinen des Buches «Schitterend ongeluk of
sporen van ontwerp?»[86] In unserer säkularisierten Gesellschaft kam das
Interesse allerdings von einer anderen Seite: Vielen Leuten, die Gott und
die Kirche verlassen, die Frage aber, warum wir da sind und woher wir
kommen, mitgenommen hatten, war eine Erklärung, die ohne Gott aus-
kam, höchst willkommen.

Das Konzept eines *intelligent design* situiert sich irgendwo zwischen
den beiden klassischen Positionen von Kreationismus (Gott hat die Welt
vor 6000 Jahren erschaffen) und Evolutionslehre (das Leben ist nach dem
sogenannten Big Bang mehr oder weniger zufällig entstanden und entwi-
ckelte sich durch natürliche Selektion). Eine Evolution wird nicht bestritten, jedoch die Ansicht vertreten, dass ein derart komplexes Gebilde wie
das Leben nicht durch Zufall entstanden sein könne: Es müsse da eine

---

[85] Fred Hoyle, britischer Astronom (1915–2001), in: Nature 294, 12. November, 1981, 105.
[86] Cees Dekker, Ronald Meester und René van Woudenberg (red.), Schitterend
ongeluk of sporen van ontwerp? («Grandioses Missgeschick oder Spuren eines
Entwurfs?»), Baarn 2005.

steuernde Kraft dahinter am Werk sein, ein Mega-Hirn, eine Hyperintelligenz als Entwurf (oder Entwerfer).

Der Gedanke ist oder scheint verführerisch. Wer wollte dem nicht beipflichten, etwa angesichts der Natur: Das ist so schön, so beeindruckend, etwas so Grossartiges kann doch nicht durch Zufall entstanden sein? Ich nenne das Bewunderung. Da steckt «Wunder» drin, weil der Mensch mit diesem Wort – ohne damit auf etwas oder jemanden, der dieses Wunder vollbracht hat, Bezug zu nehmen – ausdrücken will, dass ihn etwas in einem Mass berührt, dem keine Antwort mehr angemessen ist. Auf das, was uns verstummen lässt, ist Stille die einzige Antwort, es stellt sich gar keine Frage.

Die Geschichte ist voll von Varianten einer «Theologie der Natur»: samt und sonders Versuche, Bewunderung in eine Theorie einzubinden. Und es handelt sich auch fast immer um Varianten dessen, was man auch schon «Keukenhoftheologie»[87] genannt hat: Ja, die Blumen und die Schmetterlinge, die will man sehen, das Chaos und die Grausamkeit nicht.

Intelligent design unterliegt demselben Verdacht: Der Diskurs balanciert am Rand einer westeuropäischen Apéro-Philosophie, die vor allem in Ländern, die von einer – laut *intelligent design* nicht zufälligen, intelligenten – Überschwemmung heimgesucht wurden, wenig Unterstützung finden wird. Dort liegt eine Theorie des *stupid design* wohl näher.

Das ist – ich rede jetzt etwas weniger ernst – nicht der einzige Grund, weshalb *intelligent design* kein besonders geschickt gewählter Ausdruck ist. Die Sache ist nicht neu und nicht originell. Das hat schon im 13. Jahrhundert Thomas von Aquin als einen seiner fünf Gottesbeweise vorgebracht: dass hinter dieser Welt ein Entwurf (und damit auch ein Entwerfer) sein muss. Das aber würde dann heissen, dass die Evolution nach einigen Jahrhunderten zum Stillstand gekommen wäre, und das scheint mir, jedenfalls was den Beitrag der Intelligenz betrifft, ein Gegenargument zu sein.

---

[87] Bezieht sich auf die niederländische Gartenanlage bei Schloss Keukenhof («Küchengarten») in der Nähe von Lisse, in der seit 1949 Blumenschauen stattfinden.

In die gleiche Richtung zielt meine Frage, worauf denn *intelligent design* überhaupt eine Antwort gibt. Wissenschaftler sind – begreiflicherweise – darauf aus, die Zufälligkeit unseres Ursprungs zu verringern, wenn möglich gar auszuschliessen. Bis auf den heutigen Tag ist das aber noch niemandem gelungen. Wir wissen noch immer nicht mehr, als dass wir mehr oder weniger Produkte des Zufalls sind und dass wir ebenso gut nicht da sein könnten.

Intelligent design ist also nicht wissenschaftlich erwiesen. Ausserdem hat meines Wissens noch niemand befriedigend erklären können, was sich ein normaler Mensch unter einem «Entwurf ohne Entwerfer» vorstellen soll. Nimmt man noch als gegeben an, dass die meisten Anhänger des *intelligent design* gläubige Christen sind,[88] hat man Gründe genug, *intelligent design* für ein «verfehltes Glaubensbekenntnis» zu halten: Gott ist zwar nicht genannt, wohl aber gemeint, oder anders: durch die Hintertür wieder eingeführt in eine Theorie, in der er unter der Maske eines «Entwerfer-losen Entwurfs» weggeredet wird.

Cees Dekker[89], Mitautor von «Schitterend ongeluk of sporen van ontwerp?» macht daraus kein Geheimnis. Laut ihm ist Gott der Schöpfer des Lebens und zeigt die Evolution uns, wie er es gemacht hat. Das ist kein logischer Schluss, sondern eine Glaubensaussage.

Dekker bestätigt mir, was ich bei den meisten Vertretern von *intelligent design* konstatiere: Als Wissenschaftler können sie mit einem Schöpfergott nicht mehr daherkommen, aber es fällt ihnen eben auch schwer, alte Glaubensüberzeugungen loszulassen. Anders gesagt: Nur wer den Schöpfergott mit der Muttermilch eingesogen hat, kann sich später, wenn er entwöhnt ist, auf einen derart abgeschwächten Pseudogott herablassen. Das riecht nach christlichem Restglauben: *christelligent design.*

Ein Gläubiger wird mit *intelligent design* genauso viel und so wenig anfangen können wie mit dem «gewöhnlichen» Schöpfungsbericht. Für denjenigen, der ihn trotz allem wörtlich versteht, ist Gott selbstverständ-

---

[88] Ronald Meester, De man die God kende («Der Mann, der Gott kannte»), Kampen 2007, 150.

[89] Cees Dekker, Professor für Molekulare Biophysik (s. oben, 78, Anm. 86).

lich der Entwerfer des Entwurfs, und für den, der daran zweifelt, bringt es, ausser vielleicht einigen Zweifeln mehr, gar nichts. *Intelligent design* macht auch das Problem der Herkunft des Bösen noch schwieriger, als es schon war. Wenn man Gott die Verantwortung für das Böse in der Welt gibt, hat man doch wenigstens einen, zu dem man fluchen oder beten kann. Nun heisst der Schuldige nicht mehr «Gott», sondern «Entwurf». Aber dieser Entwurf ist ja so intelligent, dass er die Verantwortung für Gut und Böse nicht auf sich nimmt.

Bleiben noch jene, die ganz gut an Gott glauben können, ihn aber nicht nötig haben als Erklärung für den Ursprung. Sie brauchen keinen Entwerfer des Entwurfs, sie können ganz gut leben in einer Schöpfung ohne Schöpfer. Sie lassen sich nicht beeindrucken von Versuchen, Gott durch die Hintertür wieder hereinzulotsen. Den Gott, der da hereinkäme, gibt es nicht.

Ich fasse zusammen. Die Atheisten haben recht: Gott gibt es nicht. Die Vorstellung von einem Gott, den es gibt, ist ursprünglich nicht biblisch, sondern heidnisch. Die Theologie der frühen Kirche konnte das nicht ehrlich zugeben, da sie im Dienst einer Institution stand, die von anderen Interessen als theologischer Integrität geleitet war. Mit grosser Machtentfaltung und hohen Kirchtürmen konnte sich deshalb das Heidentum unter dem Namen Christentum in Europa etablieren. Die institutionelle Macht der Kirche und die Allmacht Gottes gingen bis zum Ende des Mittelalters Hand in Hand, ihre Verbindung war unantastbar. Wer laut widersprach, kam sofort auf den Scheiterhaufen, wer es leise tat, konnte mit ewigem Höllenfeuer rechnen.

Vom 16. Jahrhundert an begann sich das zu ändern: Wissenschaftliche Erkenntnisse nahmen zu, die Menschen wurden mündig. Die kirchliche Autorität begann zu schwinden, und dieser Prozess ist noch immer im Gang, obwohl der Nullpunkt bereits in Sicht kommt: Es dauert nicht mehr lang, und der Kirche gehören nur noch Leute an, die auch in der modernen Zeit mit mittelalterlichen Ansichten leben wollen. Der Rest hat sich davongemacht und sucht, sofern er nicht völlig frustriert ist, sein geistliches Heil anderswo.

Obwohl es Zeichen der Hoffnung gibt[90], scheint es mir nicht realistisch zu erwarten, dass die Kirche noch vor dem Ende der Zeiten öffentlich gesteht, dass es Gott nicht gibt. Vielmehr hält sie das Missverständnis aufrecht, dass man, um an Gott glauben zu können, glauben muss, dass es Gott gibt. Im nächsten Kapitel werde ich darlegen, dass man das nicht muss.

---

[90] Laut einer IKON-Untersuchung (s. oben, 16, Anm. 2) ist einer von sechs Pfarrern nicht (mehr) überzeugt, dass es Gott gibt.

2. Glauben nach dem Komma

Mit der Schlussfolgerung, dass es Gott nicht gibt, hat sich für einen Atheisten die Sache erledigt: Gott gibt es nicht, Punkt. Für einen Gläubigen fängt sie jetzt erst an: Gott gibt es nicht, Komma. Und dann? Gibt es da nach dem Komma noch etwas zu glauben? Kann man glauben an einen Gott, den es nicht gibt?

In diesem Kapitel gehe ich von der Nichtexistenz Gottes aus und stelle fest, dass dies – wenigstens für mich – kein Hinderungsgrund, sondern vielmehr eine Voraussetzung ist, um an Gott glauben zu können. Wenn ich das sage, fühle ich im Nacken schon den heissen Atem der Theologen und Pfarrer, die finden, dass ich mit dieser Behauptung die Welt auf den Kopf stelle. Und auch den Protest der Atheisten, etwa von Herman Philipse: «Ein Gläubiger (im religiösen Sinn) hört auf ein Gläubiger zu sein, sobald er der Behauptung, dass es einen Gott gibt, nicht mehr zustimmt.»[1] Ich sehe das eher umgekehrt, nämlich dass man gläubig wird, wenn man der Behauptung, dass es Gott nicht gibt, zustimmt und anschliessend ein Komma setzt.

Bevor ich aber auf die Frage eingehe, ob es möglich ist, zu glauben an einen Gott, den es nicht gibt, muss geklärt werden, was «glauben» eigentlich heisst. Für mich hat «glauben» mehr mit dem Leben zu tun als mit Gott und Religion. Dass ein Mensch gläubig ist, zeigt sich in seiner Lebensführung, in der Art seines Umgangs mit dem, was mit ihm und mit denen um ihn herum geschieht. Ich werde das beschreiben als das Vermögen, aus einem Geschehnis eine Erfahrung zu machen.

Ich werde dann den Begriff «erwachsene Abhängigkeit» einführen, um wiederzugeben, dass solche Erfahrungen uns bewusst machen können,

---

[1] Herman Philipse, Atheïstisch manifest, Amsterdam 2004 (6., erweiterte Auflage), 64.

dass wir abhängig sind von Gegebenheiten, über die wir nicht verfügen, und dass, was wirklich zählt im Leben, uns letztlich nur gegeben werden kann. Und solche Erfahrungen machen uns auch bewusst, dass es sich bei anderen Menschen – was das betrifft – ebenso verhält. Dann, wenn dieses Verhältnis zu anderen oder diese Verbindung mit anderen in Sicht kommt, kommt Religion ins Spiel, dann kann man über «glauben» sprechen, im wörtlichen und ursprünglichen Sinn des Wortes: vertrauen. Man vertraut aufgrund von Erfahrungen, die man gemacht hat. Erst wenn das vollständig geklärt ist, kommt Gott zur Sprache: als eines der möglichen Wörter, mit denen man diese Erfahrung benennen kann.

Gestützt auf die Bibel habe ich Gott als «das, was mitzieht mit Menschen, die unterwegs sind» beschrieben. Da ist so viel Bewegung drin, dass man eigentlich nur sagen kann, dass Gott *geschieht*, nicht, dass es ihn gibt. Doch ohne Menschen geschieht nichts: kein Gott ohne Menschen.

Zum Schluss werde ich zeigen, dass Gott auf nichts eine Antwort ist. Wer das trotzdem meint, siedelt Gott ausserhalb seines Lebens an und erwartet, mittels Gott Antworten geben zu können auf Fragen, die das Leben offenlässt. Das kann selbst Gott nicht.

Glaube und glauben

Kann man glauben an einen Gott, den es nicht gibt? Laut Van Dale, dem Grossen Wörterbuch der niederländischen Sprache, kann man das nicht. Was *geloven* («glauben») bedeutet, wird da beschrieben mit: «fest vertrauen auf Gott und Gottes Wort, überzeugt sein von Gottes Existenz und von der Wahrheit der göttlichen Offenbarung». In dieser Formulierung kommt Vertrauen derart massiv daher, wie es wohl unter normalen Leuten kaum vorkommt. «Die Wahrheit der göttlichen Offenbarungen» ist eine blutleere Abstraktion, der man höchstens dann zustimmen kann, wenn man bereit ist, über den eigenen Verstand zu springen. Das bezeichne ich mit dem Substantiv «Glaube».

Ich unterscheide also zwischen dem Substantiv «Glaube» und dem Verb «glauben». «Glaube» ist etwas, das man *haben* kann, so wie man Ansichten haben kann; «glauben» dagegen bezeichnet eine Art zu *sein*: Man *ist* oder *lebt* gläubig. Jemand, der die christliche Doktrin unterschreibt und am Sonntag zur Kirche geht, ist damit also noch nicht gläubig. «Man wird auch kein Auto, indem man in einer Garage steht», sagte Albert Schweitzer. Nein, auf Geheiss anderer etwas für wahr halten, was man selbst nicht begreift, das heisst nicht «glauben», sondern die Verantwortung abgeben, andere für sich glauben lassen, eine Ansicht übernehmen und mit ihr übereinstimmen, die keinen Berührungspunkt mit dem eigenen Leben hat – mehr nicht.

«Glaube» beginnt bei Gott, und die Menschen müssen ein Leben lang versuchen herauszufinden, wie man mit diesem Gott leben kann; «glauben» beginnt anders: bei den Menschen und im Alltag, mit beiden Füssen auf dem Boden. Die Antwort auf die Frage, wie und was du glaubst, steckt nicht in Ansichten, die du übernimmst, sondern in der Art, wie du lebst: wie du umgehst mit dem, was geschieht, wie und aus welcher Überzeugung du handelst. Und das tust du zuallererst als Mensch mit allem, was zu dir gehört: Fleisch, Gefühl und Verstand.

Glauben heisst hören auf den Ruf im Gewohnten.[2]

Ich definiere «glauben» bewusst so alltäglich wie möglich, um – vorläufig wenigstens – die Nähe zu Gott, Religion und Kirche zu vermeiden, denn «glauben» hat nicht in erster Linie mit Religion zu tun. Oft wird ja mit diesem Wort bereits ein Glaubensinhalt festgelegt und der Eindruck erweckt, man bewege sich damit auf einem ganz besonderen Terrain, das nur denen zugänglich sei, die über das Wort «Gott» verfügen. Darüber hinaus weckt das Wort gewisse Assoziationen an einen Gott, der will, dass man ihm dient. Und das ist, wie ich im vorhergehenden Kapitel gezeigt habe, eine heidnische Vorstellung.

Was «glauben» meint, ist nicht unterzubringen in Kategorien wie «religiös», «kultisch» oder «kirchlich». Wenn es im alltäglichen Leben nicht zu finden ist, wo dann? Und wie hätte es dann angefangen? Am Sonntagmorgen um zehn Uhr?

2   Martin Buber.

Nein, es ist etwas Gewöhnliches, ganz Alltägliches. Wenn «glauben» mit «leben» zu tun hat, kann es ja gar nicht anders sein, dann fällt «glauben» zusammen mit Dingen, die mir zustossen, mit Menschen, die meinen Weg kreuzen, mit Freude und Leid, Angst und Vertrauen, mit Herz und Kopf.

Ursprünglich gab es nicht einmal ein Wort für «glauben»; «glauben» und «leben» bedeuteten dasselbe. Und das spielt sich hier unten ab in unserem gewöhnlichen irdischen Dasein, im Wahrnehmen der Welt, die uns umgibt, im Umgang mit ihr, und nicht in einer Welt ausserhalb oder oberhalb der Menschen.

Diese andere Welt gibt es gar nicht. Die Idee von einer «anderen Wirklichkeit» stammt aus der Zeit, da die Menschen dachten, die Erde sei eine flache Scheibe; unter ihr seien die Toten, über ihr wohnten die Götter. Von dieser Vorstellung her rühren die Begriffe «Unterwelt» und «höheres Wesen».

Auch die christliche Lehre beruht – noch immer – auf diesem Bühnenbild.[3] Wir wissen es inzwischen besser: Es gibt nur eine einzige Wirklichkeit, und darüber oder dahinter gibt es keine andere oder höhere Wirklichkeit. Wenn das, was wir «Geheimnis» oder «Gott» nennen, zu einer Wirklichkeit gehört, dann zu der unsrigen. Und ob jemand gläubig ist oder nicht, erweist sich in der Art, wie er sich zu dieser einen Wirklichkeit verhält.

Durch die Art, wie er mit dem Gewöhnlichen umgeht, kann das Gewöhnliche aussergewöhnlich, religiös werden. Anders gesagt: Ob du glaubst oder nicht glaubst, hat etwas mit deinem Blick zu tun – Gläubige sehen dieselben Dinge wie andere Menschen, aber sie nehmen die Dinge anders wahr, sie werden anders erfahren. Nennen sie sie auch anders? Das kann, muss aber nicht sein.

---

[3] Gott sendet Jesus vom Himmel auf die Erde, er steigt hinunter ins Totenreich und fährt wieder auf in den Himmel.

Es geht nicht um das Wort «Gott»

Was heisst das: Heissen? Was wir nennen Rose,
Das duftet grad so süss mit anderm Namen.[4]

Wenn der eine sagt, «Ich bin Gott dankbar», und der andere, «Ich bin ein dankbarer Mensch», wo liegt da der Unterschied? Wer weiss, vielleicht bloss in der Formulierung. Erfahrungen, die manche als religiös bezeichnen, sind es für andere nicht, sie bezeichnen sie vielleicht als Glückserfahrungen. Der äusserliche Unterschied zwischen einem gläubigen und einem ungläubigen Menschen scheint in der Wortwahl zu liegen.

Und auf die Worte muss man achtgeben. Wenn gesagt wird, dass auch Nichtgläubige sich einsetzen für ihre Mitmenschen oder dass auch ein Nichtgläubiger sich «getragen» fühlen kann, dann ist mit «nichtgläubig» meistens «nichtkirchlich» gemeint. Doch von jemandem, der sich für andere einsetzt, würde ich nicht einfach sagen, dass er nichtgläubig sei, denn glauben ist eine Art zu sein und hängt nicht davon ab, wie man sich ausdrückt.

Es kann auch um Gott gehen, wenn das Wort nicht fällt. Nach jeder Katastrophe finden irgendwo Schweigemärsche statt. In der Folge beschäftigen sich dann die Medien mit der Frage, ob das nun eine religiöse Manifestation gewesen sei oder nicht. Die wichtigste Frage aber wird dabei nie gestellt, nämlich ob sich die Leute, die an einem solchen Schweigemarsch teilnehmen, diese Frage auch stellen. Nein, sie sind wahrscheinlich mit anderen Dingen beschäftigt als mit der Frage nach dem religiösen Gehalt dessen, was sie gerade beschäftigt. Gläubige und Ungläubige mischen sich da untereinander und fühlen sich miteinander verbunden. Gott könnte durchaus auch unter ihnen sein.

Gott ist auch nur ein Wort. Und um zu glauben, braucht man es nicht, man kann das auch ohne. Dann ist man sogar in gut biblischer Gesellschaft. Im Buch Rut und im Hohelied kommt das Wort «Gott» kaum vor,

---

[4] William Shakespeare, Romeo und Julia, 2. Akt, 2. Szene; hier zit. nach der Übersetzung von Erich Fried, Berlin ³2008.

im Buch Ester überhaupt nicht. Das zeigt, dass Gott gleichsam zwischen den Zeilen geschieht. Gerade wie in ernsthaften Gesprächen: Das Bedeutendste wird eben dann gesagt, wenn man für einen Augenblick schweigt, hinschaut und wahrnimmt. Ich vermute, dass diese Bücher gerade darum in die Bibel aufgenommen wurden: Endlich einmal ist es still, nun kann es um Gott gehen. Denn es geht nicht um das Wort, sondern um die Erfahrung, die hinter dem Wort steht.

Vom Geschehnis zur Erfahrung

Oft muss irgendetwas geschehen, bevor irgendetwas geschieht.[5]

Es muss etwas geschehen, damit aus dem, was geschehen ist, eine Erfahrung wird. Jeden Tag geschieht allerlei: Dein Partner ist beim Frühstück nicht so gesprächig wie sonst, du fällst beinahe vom Fahrrad, du bekommst ein unerwartetes Kompliment, du schaust dir einen Film an – lauter Dinge, die geschehen. Dafür braucht man nichts zu tun, das geht ganz von selbst. Doch das, was man macht (an einem Tag mit zwanzig Leuten reden) und was man mit sich machen lässt (damit es mit *einem* von diesen zwanzig zu einer wirklichen «Begegnung» kommt), das geht nicht von selbst. Dafür muss man etwas machen oder mit sich machen lassen.

Ein naheliegendes Beispiel: Du hörst eine Predigt, das ist etwas, was geschieht. Wenn das Gehörte aber etwas mit dir macht und du etwas damit machst, dann ist es eine Erfahrung geworden.

Wenn es uns gelingt, aus Dingen, die geschehen, Erfahrungen zu machen, können wir uns selbst als Gläubige verstehen. Das geht nicht von selbst. Ohne Offenheit geht das nicht. Was einfach geschieht und was erfahren wird, verhält sich zueinander wie Verschlossenheit und Offenheit, wie Aussenraum und Innenraum, wie sehen und wahrnehmen. Wenn man so lebt, wie man sich die Tagesschau ansieht, kommt nichts ins Innere hinein. Kinder können noch weinen und Fragen stellen, wenn sie in der Tagesschau Bilder von ermordeten oder hungernden Menschen sehen. Bei Erwachsenen bleibt die Tür zwischen dem Aussenraum und dem Innenraum meistens verschlossen. Kinder nehmen die Bilder wahr, Erwachsene sehen sie nur. Dass ein erwachsener Mensch die «Kraft» hat, das eine halbe Stunde lang ohne Taschentuch auszuhalten, sagt genug.

[5] Johan Cruijff, niederländischer Fussballer (*1947).

Im Evangelium nach Markus findet sich eine Erzählung über die Heilung eines blinden Mannes: Jesus «spuckte in seine Augen und legte ihm die Hände auf und fragte ihn: Siehst du etwas? Der blickte auf und sprach: Ich sehe Menschen – wie Bäume sehe ich sie umhergehen»[6]. Ein treffendes Bild für unsere alltägliche oberflächliche Art des Sehens: Er sieht Menschen, aber er nimmt sie nicht wahr.

Jeder weiss, dass es auch anders möglich ist. Sonst wüsste man nicht, was Liebe ist. Niemand sieht von aussen, was denn so Besonderes ist an einem Menschen, den du liebst. Nein, das nimmst nur du allein wahr, denn du siehst anders. Oder besser: Du siehst dasselbe, aber du nimmst es anders wahr. Man kann einen Menschen also auch so sehen: als jemanden, der nicht nur ein Äusseres, sondern auch ein Inneres hat. Und da entsteht die Fähigkeit, sich berühren zu lassen.

Ob aus etwas, was einfach geschieht, eine Erfahrung wird, hat nicht allein mit den Augen zu tun. Warum glaubt einer? Weil er von irgendetwas berührt ist. Wörter wie «Betroffenheit» oder «Berührbarkeit» machen deutlich, dass es letztlich darum geht, sich ansprechen zu lassen auf der Ebene der Gefühle, der Emotionen. Wer berührbar ist, ist auch verletzbar. Wenn man im Tiefsten bewegt ist, ist man wehrloser, als wenn bloss der Verstand angesprochen ist.

Auf dieser Ebene kann ein Mensch auch staunen. Unter Staunen verstehe ich die Fähigkeit, sich zu wundern über das, was selbstverständlich ist oder scheint. Dass Kinder geboren werden, ist allgemein bekannt, und aus biologischer Sicht ist das kein Wunder. Eltern erleben das anders. Obwohl ja die ganze Schwangerschaft im Zeichen der Erwartung steht, ist die Geburt doch immer noch ein Anlass zum Staunen. Staunen über etwas, das täglich geschieht. Es braucht also kein Wunder. Es braucht nicht einmal etwas, was es nicht schon gäbe. Staunen ist eine Art des Umgangs mit dem Gewohnten, mit dem, was täglich geschieht. Erst wenn die Dinge, für die man dankbar sein kann, ihre Selbstverständlichkeit verlieren, kann von Staunen die Rede sein. Wenn du nicht staunen kannst über die Tatsache, dass du geboren wurdest und dass du da bist, gibt es wenig zu glauben.

[6]   Markus 8,23–24.

Erwachsene Abhängigkeit

Das Wort, das dir hilft, kannst du dir nicht selbst sagen.[7]

Eine gläubige Haltung gegenüber dem Leben wird einem Menschen nicht einfach zugeweht. Es muss zuerst eine Menge weggeweht werden, an Voreingenommenheit, an Betriebsamkeit, an Selbstsicherheit und so fort, um einzulassen, was jeder Mensch zutiefst zwar weiss, aber meist nicht wissen will: dass unser Leben kein Eigenfabrikat ist, dass wir uns und das, was uns glücklich macht, nicht selbst gemacht haben. Sich dessen voll und ganz bewusst zu sein, nenne ich «erwachsene Abhängigkeit».

Der Zeitgeist stellt den Menschen dar als ein unabhängiges, autonomes Individuum, das selbst verantwortlich ist für seinen Weg zu einem gelungenen Leben. Ob es um Erfolg geht, jugendliches Aussehen, Sicherheit, Wohlstand, Glück oder Bewunderung, es herrscht darüber in unserer Gesellschaft die allgemeine Ansicht, dass wir unser Leben in der Hand haben. Das Ideal ist der freie Mensch, der Herr und Meister ist über sein eigenes Leben.

Nennen wir das einmal «unerwachsene Unabhängigkeit». Oder üblichen Unsinn: Du kannst zwar selbst bestimmen, morgen zu verreisen, aber nicht, dass du lebend wieder heimkommst. Jeder ist abhängig von Umständen, die er nicht im Griff hat. Unser Leben ist nur zum Teil machbar, und es ist vor allem verwundbar: Es kommt, wie es kommt, mit Gebrechen, Versagen und Enttäuschungen. Tragik liegt immer auf der Lauer, und es gibt keinen Gott, der dich behütet vor Missgeschick und Leid (dieser Gott gehört zur «unerwachsenen Abhängigkeit»).

Erwachsene Abhängigkeit geht davon aus, dass, was wirklich von Belang ist in unserem Leben, nicht in unserer Macht liegt. Oft gibt es

7 Äthiopisches Sprichwort.

nicht einmal etwas zu wählen, sondern nur zu nehmen, was sich anbietet. Zu einem gelungenen Leben muss man auch Glück haben; und auch das hat man nicht in der Hand. Gläubig zu sein, macht das Leben nicht einfacher, ist keine Lebensversicherung. Man kann, um es so zu sagen, glauben, was man will, an der eigenen Lebenssituation ändert das nichts. Glauben bedeutet vielmehr: einsehen, dass du nicht mehr zu tun hast, als das Leben zu leben, das dir zu leben gegeben wird. Aber auch nicht weniger. Erkennen, dass unser Leben ungewiss ist, dass unsere Agenda von heute Morgen schon Altpapier ist, dass uns jeden Augenblick etwas zustossen kann, worüber niemand Regie führt. Wer meint, das Leben unter Kontrolle zu haben, nimmt sich selbst und das Leben nicht ernst und weicht vor dem aus, was verwundet. Der Grat, auf dem man wandert, wird immer schmaler, man bekommt es automatisch mit der Angst zu tun: Wenn bloss das nicht geschieht, wenn bloss mein Kind das nicht tut ... Wenn deine Beziehung zerbricht oder dein Kind drogensüchtig wird, dann ist das zwar schlimm, schlimmer aber ist, immer gelebt zu haben in der Annahme oder in der Überzeugung, dass dir so etwas nie passiere.

Gerade diese Quasi-Sicherheit macht unsicher. Wenn dir stets vor Augen gehalten wird, dass du selbst verantwortlich bist für die Wahl, die du triffst, dass du selbst machen kannst, was du willst, dann wirst du auch stets die Stimme hören, die fragt: Mache ich es auch richtig? Und so lange, wie du dich selbst für den Architekten deines Lebens hältst, so lange wird die Stimme nicht schweigen. Wie viele Doppelverdiener quälen sich nicht mit dem Gedanken, dass ihre Kinder zu kurz kommen?

Erwachsene Abhängigkeit hat vor Augen, dass Glück, Freude und so fort nicht oder selten das Resultat eigener Anstrengung sind, sondern sich unserem Zugriff entziehen. Und dass man nicht oder nur in sehr beschränktem Mass danach streben kann. Damit sei nicht Passivität empfohlen, sondern hervorgehoben, dass leben mehr heisst als tun.

«Hallo, lange nicht gesehen, was tust du im Moment?» Diese Frage höre ich öfter als: «Wie geht es dir im Moment?» Als bestünde das Befinden aus dem, was man tut. Allein schon darum ist es heilsam, ab und zu einmal nichts zu tun. Oder statt sich zu fragen, was man nun als Nächstes tun will, sich zu fragen, was man als Nächstes *nicht* tun will. Das kann zum Bewusstsein verhelfen, dass was wirklich zählt, wenig mit «tun» zu tun hat. Wir möchten alle gern glücklich sein. Dafür tun wir recht viel, das versuchen wir nach Kräften zu erlangen. Aber schauen wir einmal auf die Leute, von denen wir denken, dass sie glücklich sind. Tun sie ihr Bestes, um glücklich zu sein oder zu werden? Sie versuchen wahrscheinlich bloss, ein sinnvolles Leben zu führen, und während sie damit beschäftigt sind, schlüpft das Glück von selbst in ihre Leben hinein.

Man braucht daher eigentlich überhaupt nicht so viel zu tun, um glücklich zu werden. Vielleicht muss man dafür mehr lassen als tun. Nehmen wir zum Vergleich den Wunsch «jemandem zu helfen» – und mit «helfen» meine ich hier etwas anderes als beim Abwaschen oder Bilderaufhängen helfen. Je mehr wir uns darauf versteifen, desto weniger gelingt es. Wenn jemand das Gefühl hat, ihm sei wirklich geholfen worden, er sei ermutigt, getröstet oder entlastet worden, dann ist das meistens nicht unseren bewussten Bemühungen zu verdanken, sondern vor allem der Art und Weise, wie wir einfach bei ihm waren. Nicht mit dem, worüber wir verfügen, sondern mit dem, was wir sind, als solche, die wir sind, und dafür können wir nicht viel tun. Man bekommt es gerade nicht in den Griff, wenn man es ergreifen will. Und wenn es geschieht, dass wir diesen anderen erreichen, dass es zu einer Begegnung kommt, dann ist das, als wäre es uns gegeben worden.

Erwachsene Abhängigkeit beginnt also dort, wo uns bewusst wird, dass es nicht primär um das geht, was wir tun, sondern um das, was das Leben uns tut. Mit anderen Worten: dass jeder Mensch einmal im Leben dem auf die Spur kommt, was wirklich zu ihm gehört, was seine Bestimmung ist. Und das Wort «Bestimmung» sagt es ja schon: Man bestimmt nicht selbst seinen Weg. Im Wort «Bestimmung» steckt das Wort «Stimme», und das lässt die Tür nach draussen schon einen Spalt weit aufgehen, in einen Bereich, in dem wir selbst nichts mehr zu sagen haben, sondern in dem etwas zu uns gesagt werden will. So sagen wir ja auch, dass das Leben uns etwas «zu sagen hat».

Das ist gemeint, wenn es in der Bibel heisst: «Gott sprach». Da geht es nicht um himmlische Stimmbänder, sondern um die Tatsache, dass ein

Mensch angesprochen wird oder – auf diese Weise bleibt man bei diesem Menschen – sich angesprochen fühlt. Diese Metapher steht für eine Wirklichkeit, die Menschen ansprechen kann, so wie ein Buch oder eine Blume uns ansprechen können: Sie sagen nichts, aber sie können uns dennoch etwas zu sagen haben.

Von Abraham wird erzählt, dass er eine Stimme hörte, die sprach: «Geh aus deinem Land (…) in das Land, das ich dir zeigen werde.»[8] Ich verstehe das als Ausdruck einer im Fallen und Wiederaufstehen erworbenen Einsicht, dass der Mensch seinen Weg nicht selbst bestimmt, als Ausdruck einer Erfahrung, die sich bewährt hat und die nun rückwirkend am Erzvater Abraham festgemacht wird, einer mythologischen Figur, die als «Vater aller Gläubigen» in die Geschichte eingegangen ist. Abraham steht Modell für jeden Menschen, der zur Einsicht kommt, dass es nicht seine Bestimmung ist, sich seinen Lebensauftrag selbst zu geben, sondern sich ansprechen zu lassen. Oder – in der Sprache der biblischen Erzählung ausgedrückt – sich den Weg zeigen zu lassen, offen zu sein für das, was allein gegeben werden kann.

Selbst dort, wo im Alten Testament kriegslüsterne Töne angeschlagen werden, versagt diese Erkenntnis nicht. Im Buch Josua, das von der nicht eben friedlichen Eroberung des Gelobten Landes berichtet, wird immer wieder betont: «Jeden Ort, auf den ihr euren Fuss setzt, habe ich euch gegeben.»[9] Als ob es nicht oft genug gesagt werden könnte: Ein anderes oder besseres Leben bereitet man sich nicht selbst, es wird einem gegeben.

«Glauben» fängt vielleicht eben damit an: Mit dem Bewusstsein, dass das, was wirklich von Belang ist, uns gegeben wird.

---

[8] Genesis 12,1.
[9] Josua 1,3 (und andere Stellen).

Es ist nicht gut, dass der Mensch allein ist.[10]

Einen Schritt weiter, und man wird inne, dass man nicht der Einzige ist, der sich in diese Situation gestellt sieht, dass andere genauso abhängig sind von uns wie wir von ihnen.

Es scheint so einfach. Schlicht zu akzeptieren, dass man ist, was man ist, ein Mensch, der manchmal recht hat und manchmal nicht recht hat, ein gewöhnliches Menschenkind mit seiner Verletzlichkeit, seiner Schwachheit und seinen Enttäuschungen über sich selbst. Es ist aber ganz und gar nicht einfach, denn dann musst du herunter von jenem Niveau, auf dem man Dinge verlieren kann: das eigene gute Recht, den eigenen Stolz, das eigene Ansehen, was immer du willst. Dann landest du dort, wo du nur noch du selbst bist. Und je näher du dieser Stelle kommst, desto bewusster wird dir, dass die Menschen sich im Tiefsten nicht sehr voneinander unterscheiden. Einfacher gesagt: Du bist ein ebenso grosser oder kleiner Stümper, Schatz, armer Tropf oder was immer du willst wie ich. Und das ist dann nicht einfach nur eine Meinung, sondern eine durch das Leben erworbene Überzeugung. Es käme mir nicht in den Sinn zu behaupten, dass das einfach ist.

Und damit bin ich nicht der Einzige. Das Wort von Jesus: «Du sollst den Herrn, deinen Gott, lieben mit deinem ganzen Herzen und mit deiner ganzen Seele und mit deinem ganzen Verstand. Dies ist das höchste und erste Gebot. Das zweite aber ist ihm gleich: Du sollst deinen Nächsten lieben wie dich selbst»[11], wird nicht umsonst «das grosse Gebot» genannt. Und Jesus war nicht der Erste, der das sagte. Das steht schon im Alten Testament.[12] Und nicht nur dort: Was immer sich Menschen unter Gott vorgestellt haben, in fast allen Religionen wird betont, dass man Gott nicht dienen kann, ohne den Menschen zu dienen. Und das beginnt mit dem, was so einfach scheint, aber so schwierig ist: mit der Erkenntnis, dass ich genauso bin wie alle anderen.

[10]   Genesis 2,18.
[11]   Matthäus 22,37–39.
[12]   Leviticus 19,18.

97

Für einen gläubigen Menschen wird die Erkenntnis der wechselseitigen Abhängigkeit nicht ohne Folgen bleiben, sondern zum Ausdruck kommen im Willen, nach Kräften zum Wohl und zum Glück der Mitmenschen beizutragen. Mit dem Blick auf den anderen kommt automatisch auch das, was das Gute vorantreibt, in den Blick oder wenigstens die Richtung auf das Gute hin: dass du es nicht nur tust, weil es gut ist für *dich*. Dann bist du eigentlich ein gläubiger Mensch oder im wörtlichen Sinn ein «religiöser» Mensch.

Das Wort «Religion» kommt vom lateinischen *religio*. Das bedeutet «Verbindung» und bringt zum Ausdruck, dass die Verbundenheit mit dem, was uns umgibt, massgebend ist für eine religiöse Haltung dem Leben gegenüber.

Vorläufig wurde über «glauben» noch nicht viel mehr gesagt als über «leben»: dass das letztlich keine Privatsache ist, nichts, was unabhängig wäre von irdischen, menschlichen Beziehungen. Und dass Gott, wenn er denn überhaupt zu situieren ist, dort sein muss, wo Menschen Anteil nehmen aneinander.

Ein Rucksack voller Erfahrung

Geht (…) nicht nach Hörensagen, nicht nach Überlieferungen, nicht nach Tagesmeinungen, nicht nach der Autorität heiliger Schriften (…), nicht nach der Autorität eines Meisters! (…) Wenn ihr aber (…) selbst erkennt: Diese Dinge sind heilsam, sind untadelig (…), dann (…) möget ihr sie euch zu eigen machen und danach leben.[13]

Warum glaubt der eine und der andere nicht, und warum glaubst du so, wie du glaubst? Das ist keine andere Frage als: Warum lebst du so, wie du lebst, denkst du so, wie du denkst, gehst du so mit den Dingen um, wie du mit ihnen umgehst? Die Antwort findet sich in unserem Rucksack, in den Erfahrungen, die da im Lauf unseres Lebens hineingepackt wurden. Solange wir Kinder waren, haben andere, Eltern, Lehrer, Freunde, Zeitschriften, das Fernsehen und so fort, alles Mögliche hineingestopft. Durch Erzählungen anderer haben wir gelernt, wie man leben musste und was gut für uns war. Was man uns damals sagen hörte, das hatten wir vom Hörensagen.

Als wir erwachsen wurden, haben wir das meiste aus dem Rucksack gekippt. Behalten haben wir, was wir uns zu eigen gemacht haben, was übereinstimmte mit unseren eigenen Erfahrungen. Auch wenn wir im Prinzip nichts von uns selbst bekommen haben und vieles irgendwann einmal haben «annehmen» müssen, solange wir es uns nicht selbst zu eigen gemacht haben, bleibt es «Glaube» und sind wir nicht fähig zu «glauben».

Was man dich von jetzt an sagen hört, das stammt nun von dir. Was du vom Hörensagen hattest, hast du dir auf deine einzigartige Weise angeeignet. Du hast dir zu eigen gemacht, was für dich gut war, und hast hinter dir gelassen, was nicht zu dir passte. Ich formuliere es möglichst kurz

---

[13] Buddha, Anguttara-Nikāya 3,66.

(und übergehe damit in fröhlicher Unwissenheit genetische, biologische, psychologische und zweifellos noch weitere wissenschaftliche Erkenntnisse): Es sind die gesammelten Erfahrungen, die dir den Leitfaden für dein Leben geben.

Und damit, mit diesen zur Lebenserfahrung versammelten Erfahrungen, sollten wir es als erwachsene Menschen schaffen. Die Hilfslinien von früher sind ausradiert: Hinter einem Stuhl haben wir Schlittschuh laufen, an einem Seil haben wir schwimmen gelernt, jetzt können wir es selbst. Wir haben an den Nikolaus geglaubt, nun wissen wir es besser. Wir haben vielleicht an einen St.-Nikolaus-Gott geglaubt, nun wissen wir, dass es diesen Gott nicht gibt. Aller Glaube, der uns anerzogen wurde, ist durch ein Sieb gegangen. Kurzum: Wir kommen jetzt selbst zurecht. Jeder Mensch gibt seinem Leben Gestalt aufgrund seiner eigenen Lebenserfahrung.

Vom Substantiv «Glaube» zum Verb «glauben»

So einfach das vielleicht scheinen mag, so kompliziert ist es in Wirklichkeit. Heute zu glauben wird einem durch den Glauben von gestern nicht leichter gemacht.

Was ist typisch für diese Entwicklung? Der (kirchliche) Glaube ist zuerst da. Danach läuft es oft so: Die mundgerechten Häppchen, die man in den Kinderjahren geschluckt hat, sind völlig verdaut – die geistliche Erziehung hat also «eingeschlagen» –, oder es stellt sich heraus, dass sie dem Menschen, dem sie verpasst wurden, nicht wirklich bekommen. Und dieser Mensch hat dann keine andere Wahl, als sie auszuspeien oder neurotisch zu werden. Ausspucken ist gesund und führt im günstigsten Fall dazu, dass der Glaube nicht mehr länger ein nicht integrierter Brocken ist, sondern einbezogen in die Art, wie man umgeht mit sich und der Welt um einen herum. Anders ausgedrückt: Aus dem Substantiv «Glaube» ist das Verb «glauben» geworden.

Doch sehr oft ist das ein mühsamer und schmerzlicher Weg. Denn auch wenn die Antworten von einst ausgespuckt sind, die Fragen sind damit noch nicht verschwunden.

Glaube kann zu einem Hindernis auf diesem Weg werden. Begonnen hat es meistens mit dem St.-Nikolaus-Gott. Und es kann ja schwerlich anders beginnen: Man kann ja Kindern Gott nicht als Geheimnis präsentieren. Wie löste man sich von seinem Glauben an den Nikolaus? Indem man dahinterkam und entdeckte: Es war nur ein verkleideter Mann. Die Dinge sind also nicht so, wie man früher meinte.

Warum verlassen so viele Menschen Glauben und Kirche? Weil sie als Gläubige die Dinge so, wie sie einst waren, nicht mehr akzeptieren können: dass Gott ein nikolausartiges Wesen sei. Doch sie wissen nicht, was jetzt gilt. Niemand weiss, was gilt. Es gilt nämlich gar nichts.

Aber Gott ist noch immer da. Bei jedem übrigens. Gott sitzt im Rucksack eines jeden Menschen, der je von Gott gehört hat. Und zur Freude mancher Gläubigen und zum Leidwesen der Atheisten und vielleicht zum Ärger der Agnostiker und Etwasisten: Gott lässt sich nicht hinauswerfen. Jeder mag etwas anderes unter diesem Wort verstehen, aber er sitzt im Rucksack.

Man kann diesen Rucksack nur teilweise leeren. Gott macht sozusagen seinem Namen Ehre: Er war allezeit und wird allezeit sein, auch für dich. Du kannst Hindu oder Atheist werden, aber Gott wirst du nicht los. Vor allem Menschen, die mit einem strengen, verurteilenden Gott grossgeworden sind, werden dieses Gottesbild oft nie wirklich los. Ich erinnere nur noch einmal an die «nachträgerischen Atheisten» im vorangehenden Kapitel: Sie sind immer noch voll beschäftigt mit Ausspucken.

Das hört meistens auch nicht auf. Jedenfalls nicht für immer. Das haben mir viele Leute gesagt: dass es sie grosse Mühe gekostet hat, alte Gottesbilder loszulassen, und dass sie neue nicht – oder noch nicht oder nicht ganz – zulassen konnten, weil offenbar die alten noch weiterwirken.

Des einen Rucksack wiegt schwerer als der des anderen. Doch was hinter einem liegt, ist auch für einen Trauma-freien Gläubigen nicht einfach weg. Man kann ein noch so modernes Gottesbild haben, es ersetzt meistens das alte nicht, sondern schiebt sich bloss darüber.

Das dauert ein Leben lang. Täglich kommt alles Mögliche auf dich zu, und du musst dich entscheiden, was davon in deinen Rucksack passt und was nicht.

Als sie wieder aufblickten, sahen sie niemanden mehr ausser Jesus.[14]

Als Erwachsene entscheiden wir das selbst. Niemand ist deinen Lebensweg zuvor gegangen, nur aufgrund deines eigenen Rucksacks kannst du eine Wahl treffen. In diesem Sinn ist jeder ein religiöser Solist.[15] Da fühlt man sich ziemlich einsam, aber vielleicht ist auch das eine Erfahrung, durch die man hindurch muss, um zu erkennen, dass die anderen ebenso einsam sind. Dann fühlt man sich schon etwas weniger allein. Denn wir teilen ja das Leben mit anderen. Für sich allein kann man gar nicht Mensch sein, du entdeckst dich und wirst, der du bist, im Kontakt mit anderen. Deine und meine Geschichte ist voll von leisen Stimmen anderer.

Aber letztlich stehst du allein da, mit deinem Rucksack voller Lebenserfahrung, der Quelle, aus der du Kraft und Vertrauen schöpfst für deinen Weg.

[14] Matthäus 17,8.
[15] *Soloreligieus:* Diesen Ausdruck hat Jan Oegema, Publizist und Herausgeber, in der *Trouw* vom 8. November 2005 geprägt.

Vertrauen

Um das Wort «vertrauen» geht es: Das ist die ursprüngliche Bedeutung des hebräischen Wortes *aman,* das wir mit «glauben» übersetzen. Glauben ist, wie bereits gesagt, eine Art zu sein und nicht etwas, das man hat. Wie «lieben»: Man kann den anderen Menschen, den man liebt, auch nicht haben. Letztlich kann man sich dem Menschen, den man liebt, nur hingeben. Und das heisst: vertrauen. Nicht im Sinn einer Prognose, nachdem man das Terrain erkundet hat: Jetzt kann ich es wagen, dem anderen zu vertrauen. Das heisst Vertrauen *haben.* So drücken wir uns auch aus: Ich habe Vertrauen, darum wage ich es. Vertrauen im Sinn von «glauben» besteht im Akt der Hingabe selbst. Man gibt sich nicht hin, weil man vertraut, sondern man vertraut, indem man sich hingibt.

Weiter oben habe ich gesagt, dass «glauben» mit «leben» zu tun hat; «vertrauen» darum auch. Zum Teil vertrauen wir, weil es gar nicht anders geht. Ohne Vertrauen in die Mitmenschen kann keine Gesellschaft aufgebaut werden. Man muss in der Regel davon ausgehen können, dass andere Menschen vertrauenswürdig sind. Wo immer es etwas zu entscheiden oder zu beschliessen gilt, ist unser Handeln bestimmt durch Menschen um uns herum, denen wir vertrauen oder nicht vertrauen.

Warum vertraut man? Zu glauben oder eben zu vertrauen – sei es nun auf sich selbst, auf andere oder auf Gott – ist nur möglich und kann nur durchgehalten werden aufgrund von Erfahrung. Aber gerade aus der Erfahrung weisst du, dass andere Menschen nicht weniger unberechenbar sind und nicht weniger zur Untreue neigen als du selbst. Darum ist es so schwierig sich hinzugeben, ohne die Gewissheit zu haben, dass der andere dich nicht fallen lässt. Und so viel Vertrauen hat man eigentlich erst, wenn man einander sehr gut kennt.

Und genau da liegt das Problem oder der *circulus vitiosus:* Um einander zu vertrauen, muss man einander gut kennen, und um einander gut kennenzulernen, muss man einander vertrauen. Und dieses Vertrauen hat man nicht einfach. Es muss, für dich und jeden, einmal irgendwo beginnen, dort, wo du das Risiko der Hingabe auf dich nimmst. Ob du es wagst, hängt vor allem vom Inhalt deines Rucksacks ab.

Wer nichts wagt …

Vertrauen baut man schrittweise auf, indem man Erfahrungen macht. Vertrauen stellt sich ein, wo man etwas auf Vertrauen hin wagt, Garantien gibt es keine. Glauben besteht nicht darin, Vertrauen zu haben in eine göttliche Gestalt, die hinter dir steht: «Auf ihn vertraue ich, mir kann nichts passieren.» Nein, dir kann durchaus allerlei passieren, und du weisst genau, dass es in der Welt oft sehr bedrohlich und traurig zugeht.

Die Sache kann übel ausgehen. Menschen enttäuschen einander, betrügen einander. In unseren Rucksäcken tragen wir auch Enttäuschungen mit uns. Zu glauben heisst dann nicht, dass wir in Schmerz und Leid einen Sinn erkennen. Zu glauben bedeutet vielmehr: sich zu weigern, das Leben als sinnlos zu betrachten und, wo die eigene Würde oder die eines anderen angetastet wird, sich zu weigern, sich nicht zu wehren und zu sagen: «Ist ja gut und schön, aber was bringt's?»

Das ist es vielleicht, was den Gläubigen auszeichnet: dass all das Verworrene und Beängstigende, das er um sich herum sieht, ihn nicht daran hindert, ja zu sagen zum Leben, weil er erfahren hat, dass es auch gut sein kann. Dass es darum auch besser werden kann, als es jetzt ist, dass das aber nicht ohne uns geht, weil es nicht von selbst gut wird, und dass wir das nicht allein schaffen. Wer glaubt, will darum nichts anderes, als sich dem Leben und den anderen anvertrauen.

Das sind einfache Worte für eine schwierige Sache – wollen ist nicht können. Vertrauen kann durch schlechte Erfahrungen angeschlagen, manchmal sogar zerstört werden. Wer in seiner Jugend schwer enttäuscht wurde, wird vielleicht nie mehr jemandem wirklich vertrauen können. Und auch wer unbeschwerter aufgewachsen ist, kriegt unterwegs einige Schrammen ab; kein Mensch geht ohne Beule durchs Leben.

Meine Sprache wird vorsichtiger. Ich habe es erlebt und selbst erfahren, dass heute etwas geschehen kann, was gestern noch unvorstellbar oder nicht zu vermuten war. Und dass dann auf einmal der Rucksack so schwer wird, dass man ihn allein kaum mehr zu tragen vermag. Man kann sich glücklich preisen und Gott auf den Knien danken, wenn man dann liebe und vertrauenswürdige Menschen in seiner Nähe hat.

Manchmal hat man das nicht. Ich habe zu oft Menschen gesehen, die ganz allein zurechtkommen mussten und dadurch misstrauisch oder gar zynisch geworden sind. Ich wage daher nicht, einfach so zu behaupten, dass man sich entscheiden kann zu glauben. Und schon gar nicht, dass man diese Entscheidung begründen kann.

Glauben als Entscheidung?

Der ganze Prozess, der dazu führt, dass wir vertrauen, ist nur zum Teil logisch begründbar; er lässt sich weder erzwingen noch beweisen. Er beruht nicht auf Berechnung, sondern auf einem «rechnen mit». Da gibt es auch keinen Testlauf: Man vertraut einem anderen oder man vertraut ihm nicht. Die Aussage «ich vertraue ihm» ist nicht wahr oder nicht wahr, sondern aufrichtig oder nicht aufrichtig. Darum ist es auch so schwierig, über «glauben» zu diskutieren.

Wenn Atheisten die Diskussion suchen, gehen sie meist von der Vorstellung aus, dass ein Gläubiger Ideen vertritt, die man belegen oder widerlegen kann. Belege für Vertrauen zu fordern, ist jedoch ein Widerspruch in sich, das wäre, wie wenn man dem eigenen Vertrauen nicht vertraute. Man kann sich der Liebe des Geliebten ja auch nicht versichern, oder der Treue von Freunden. Nein, man glaubt daran. Wir wissen aus Erfahrung, dass wir unseren Freunden vertrauen können und dass dieses Vertrauen stärker ist als alle Vernunft. Wir vertrauen ihnen, und wir tun das ohne Beleg und ohne sicheres Wissen. Der Beleg, oder besser: die Bestätigung, findet sich in der Erfahrung: Was uns unter der Oberfläche berührt hat, führt uns zu einem «gefühlsmässigen Wissen». Darum sind rationale Argumente, mit denen die Atheisten den Gläubigen ein Licht aufstecken wollen, von vornherein chancenlos.

Aufgrund des Verstandes würden wir uns nicht dafür entscheiden, jemandem zu vertrauen. Dass wir es trotzdem tun oder wagen, ist nicht die Folge vernünftiger Erwägungen. Dass es Menschen gibt, auf die wir vertrauen können, ist eher ein Wunder, würde ich sagen, als ein logischer Schluss.

Ich vermute, dass Pascal darauf anspielte, mit seinem berühmten Wort: «Das Herz hat seine Gründe, die der Verstand nicht kennt.»[16] Frei übersetzt: Verstand zu haben, erweist sich vor allem darin zu wissen, wo Wissen aufhört. Mit dem Verstand kann man sein Leben nicht ergründen, man kann nur aus dem Herzen heraus handeln und darauf vertrauen, dass, was aus dem Herzen kommt, gut ist. Damit ist der Verstand nicht ausgeschaltet, sondern «angeschlossen» an das Herz.

Dass der Atheist rationaler sein soll als der Gläubige, ist für mich ein irrationales Missverständnis: Auch der Atheismus ist eine Wahl, die nicht mit rationalen Argumenten begründet werden kann.

Sieh, ich habe dir heute das Leben und das Glück vorgelegt, den Tod und das Unglück. (…) erwähle nun das Leben (…)[17]

Die Frage, inwieweit man sich entscheiden kann zu glauben, ist äusserst kompliziert. Entscheidet man sich dafür, jemandem zu vertrauen? Ich würde sagen: Man kann sich dafür entscheiden, nicht zu vertrauen, so wie man sich auch dafür entscheiden kann, keine neue Beziehung mehr einzugehen, um den Schmerz einer Scheidung oder eines Abschieds nicht mehr zu riskieren. Und glauben bedeutet dann, eben diese Entscheidung *nicht* zu treffen, sondern dem treu zu bleiben, was man gesehen und erfahren hat: dass das Leben, trotz allem, gut sein kann.

Aber es ist oder kommt nicht von selbst gut. Es ist an uns, etwas Gutes daraus zu machen, durch unsere «Lebenswahl». Ich setze dieses Wort in Anführungszeichen, weil man, wie ich zuvor gesagt habe, nicht immer die Wahl hat. Doch das Gute, das als gut erkannt wurde, ist nichts Unverbindliches; es tut etwas mit uns, es weckt ein Verlangen in uns, es zum Vorschein zu bringen. Und daran sind wir beteiligt. Auf etwas vertrauen, an etwas glauben, das heisst auch, zu dessen Verwirklichung beitragen, damit es für uns und andere glaubwürdiger wird.

---

16   Blaise Pascal, Pensées IV, 277.
17   Deuteronomium 30,15 und 30,19.

Man könnte auch sagen, dass man sich «gerufen» fühle. Was wir dann in der Folge mit diesem Ruf machen, ob wir ihm Gehör schenken, das ist unsere Sache. Aber ob es wirklich unsere Entscheidung ist, wage ich zu bezweifeln. Ein Vertrauen, das sich eingestellt hat, hat etwas Unwiderstehliches an sich, man kommt nicht darum herum. Von daher geht es wohl eher um ein Getriebensein als um eine Entscheidung.

Anders gesagt: Ich glaube nicht an Gott als den Schöpfer der Welt, wie sie ist. Ich glaube aber an Gott als das, was Menschen dazu treibt, aus dieser Welt eine bessere zu machen. Dann verstehe ich auch, warum es in der Schöpfungsgeschichte heisst: «Und Gott sah, dass es gut war.»[18] Das ist nicht der Ausdruck göttlicher Genugtuung nach getaner Schöpfungsarbeit, hier wird vielmehr auf menschliche Weise bewertet, wie es begonnen hat und immer wieder beginnt: gut genug, um zu beginnen. Die Wirklichkeit ist neutral; ob etwas Gutes aus ihr wird, hängt davon ab, was du und ich aus ihr machen.

[18] Genesis 1,18.

An Gott glauben

Und Gott? Kann man sich auch dafür entscheiden? «Gott» kann das Wort sein, mit dem man auf das verweist, woran man glaubt: Erfahrungen, die unser Vertrauen begründet und gefestigt haben. Man kann das mit diesem Wort tun, muss es aber nicht.

Menschen leben, erleben und erfahren. Um diese Erfahrungen zu deuten und mit anderen zu teilen, braucht es Worte. So sagen wir zum Beispiel, dass etwas nicht ohne Grund geschehen sei oder dass es mehr Dinge zwischen Himmel und Erde gebe, als wir uns ausdenken können, und so fort.

Ob wir das Wort «Gott» gebrauchen, hängt vom Inhalt unseres Rucksacks ab: Manche gebrauchen es, um anzuzeigen, woran sie glauben, andere gebrauchen es als Bestandteil eines Fluchs und für wieder andere ist es so beladen mit negativen Assoziationen, dass sie es überhaupt nicht gebrauchen wollen.

Wenn du das Wort «Gott» gebrauchst, dann gibst du auf deine Art einer Erfahrung Ausdruck, die von jemandem, der einen anderen Rucksack hat, anders gedeutet wird. Das heisst: Mithilfe des Wortes «Gott» bringt man eine Erfahrung zur Sprache, die nicht grundsätzlich verschieden sein muss von einer Erfahrung, die ein anderer auf eine andere Weise zur Sprache bringt. Ein Atheist, der eine schwierige Zeit durchgemacht hat, wird sagen: Ich hatte die Kraft, das durchzustehen. Ein Humanist: Ich habe die Kraft gefunden. Ein Etwasist: Ich habe die Kraft bekommen. Ein Gläubiger: Gott hat mir die Kraft gegeben. Alle sagen etwas anderes und meinen wahrscheinlich auch etwas anderes zu sagen, ob aber die Erfahrungen, die sie zur Sprache bringen möchten, auch anders sind, das ist eine andere Frage.

Aber ist es überhaupt möglich festzustellen, dass ihre Erfahrung dieselbe ist, wenn sie sich doch offensichtlich verschieden ausdrücken? Das wird schwierig sein, denn Erfahrungen sind nicht sagbar. Was zwei verliebte Augenpaare einander erzählen, kann mit Worten nicht völlig wiedergegeben werden. Erfahrung ist eine Quelle der Erkenntnis, die viel mehr umfasst, als was man über ihren Gegenstand sagen kann. Man versuche einmal zu erklären, was «Rührung» ist … Man könnte sagen, dass «wissen» und «sein» in der Erfahrung zusammenfallen, untrennbar verbunden sind. Erfahrungen sind nicht sagbar, sie gehen all unseren Worten voraus. Die Erfahrung kommt als Erstes, der sprachliche Ausdruck dafür erst an zweiter Stelle, und die Sprache greift immer zu kurz.

Wovon man nicht sprechen kann, darüber muss man schweigen.[19]

Wenn «Gott» ein Wort ist für nicht sagbare Erfahrungen, dann ist das Reden über Gott in einem gewissen Sinn immer ein Einbahnverkehr. Nicht einmal die Idee, dass ein anderer dasselbe darunter verstünde, tut der Unsagbarkeit Abbruch. Viel mehr ist über dieses Unterfangen also eigentlich nicht zu sagen.

Aber das müsste ich nicht erwähnen, wenn nicht dennoch so viel darüber gesprochen und geschrieben würde. Zum Beispiel: «Gott erfahren wir, weil wir in einer Glaubenstradition stehen.»[20] Oder: «Menschen können nichts erfahren, was nicht auf die eine oder andere Weise ihrem

---

19   Ludwig Wittgenstein, Tractatus logico-philosophicus, 7.

20   «Gotteserfahrung hängt zusammen mit Hintergrundüberzeugungen. Wie sollten wir sonst das Erfahrene als Gott identifizieren können? Gott erfahren wir, weil wir in einer Glaubenstradition stehen.» (W. P. Alston, amerikanischer Philosoph, zitiert von Wessel Stoker in seinem Buch *Is geloven redelijk?* [«Ist glauben vernünftig?»], Zoetermeer 2004, 71).

Erwartungshorizont entspricht.»[21] Oder: «Chinesen können Gott nicht erfahren, denn Gott ist ihnen nicht bekannt.»[22]

Ich hebe das hervor, weil in all diesen Zitaten zumindest suggeriert wird, dass einer Erfahrung etwas vorausgegangen sein muss, damit sie als diese Erfahrung gedeutet werden kann. Doch als Atheist lasse ich mir nicht aufschwatzen, dass ich meine Erfahrung nur dann «Gott» nennen darf, wenn ich in einer Glaubenstradition stehe. Oder dass meine Erfahrung erst dann zählt, wenn ein anderer sagen kann: Das hab ich auch erfahren. Oder wenn sie durch eine weltanschauliche oder religiöse Gemeinschaft sanktioniert wird. Oder – schlimmer noch – wenn die Erfahrung, die ich «Gott» nenne, erst dann als echt gilt, wenn ich Teil einer (Glaubens-) Gemeinschaft bin.

So kann es doch nicht angefangen haben? Nein, es hat andersherum angefangen: Es sind die Erfahrungen, die zu Theorien und Religionen geführt haben. Mit der Behauptung, der Prozess verlaufe umgekehrt, man müsse schon irgendein Wissen haben, um etwas erfahren zu können, gerät man in die Nähe einer vereinnahmenden Sprache. Wenn ich in China geboren wäre, würde ich für die Erfahrung, die ich Gott nenne, ein anderes, ein chinesisches Wort gebrauchen. Mit anderen Worten: Die gleiche Erfahrung wird anders benannt. Ein Chinese kann also Gott sehr wohl erfahren, er nennt ihn nur anders.

---

21 «Glaube entsteht in einer Gemeinschaft, was geglaubt wird, erweist sich dadurch als ‹echt›, dass es in der Gemeinschaft anerkannt wird. Davon ausgehend (…) stelle ich die These auf, dass Menschen nichts erfahren können, was nicht auf die eine oder andere Weise ihrem Erwartungshorizont entspricht.» (Desiree Berendsen, Waarom geloven mensen [«Warum Menschen glauben»], Kampen 2001, 174).

22 «Auch wenn man die Sache unter dem Begriff der Erfahrung angeht: Erfahrungen den Stempel von Gotteserfahrungen aufdrücken kann man nur, wenn man bereits von Gott weiss, anders kann man ihnen diesen Stempel gar nicht verpassen. Chinesen können Gott nicht erfahren, denn Gott ist ihnen nicht bekannt.» (Harry Kuitert, Hetzelfde anders zien [«Dasselbe anders sehen»], Kampen 2005, 75).

Erich Fromm sagt irgendwo, dass ein Konzept die Erfahrung, auf die es sich bezieht, niemals adäquat ausdrücken kann. Es verweist auf die Erfahrung, aber es ist nicht die Erfahrung. Das meine ich auch: Die Grenze zwischen Erfahrung und ihrer Formulierung kann nicht in der umgekehrten Richtung überschritten werden.

Die Ausdrucksweise auf der guten Seite der Grenze muss sich auf die 1. Person Singular beschränken: Was ich von Gott sage, sagt nichts aus über Gott, bloss etwas über *meinen* Gott. Oder besser: über meine Erfahrungen, die ich verbinde mit dem, was ich Gott nenne.

Dein Wort «Gott» sagt nichts über Gott

Dein Gott ist nicht mein Gott. Es gibt so viele Götter, wie es Menschen gibt. Wer sich in der Geschichte umsieht oder unter den gegenwärtigen religiösen Auffassungen, wird feststellen, dass das Gottesbild des einen für den anderen bedeutungslos ist. Wenn man das Wort «Gott» in einem allgemeinen Sinn gebraucht, also nicht «mein Gott» sagt, sondern einfach nur «Gott», dann ist das ein Schlag ins Leere. Im besten Fall bezieht sich das Sprechen über Gott nicht auf Gott, sondern auf den Sprecher respektive auf den Gott des Sprechers. Und der steht noch gar nicht fest. Was du mitmachst und durchmachst, verändert dich, und so wie es dich verändert, verändert es auch das, was du wahrnimmst. Du schaust Menschen, Dinge und auch Gott gleichsam mit anderen Augen an.

Der Gott eines Erwachsenen ist nicht mehr der Gott seiner Kinderjahre oder der Gott seiner Adoleszenz. Jeder Mensch ist anders, jede Periode eines Menschenlebens ist anders, und darum ist auch unser Gotteserlebnis nicht statisch. Gott verändert sich, weil wir uns verändern. Gott zieht sozusagen ein Leben lang mit dir: als ein Wort, das du dir nicht selbst erdacht hast, dessen Inhalt sich unterwegs stets verändert und dessen Bedeutung folglich nicht fixiert ist. Das hat damals begonnen, als andere es in deinen Rucksack stopften, und danach ist es mit dir gezogen und auf deine Weise dein Wort geworden.

Mit einem anderen Bild: Gott ist ein Teil deiner Geschichte, er ist eines der Worte, mit denen du deine Lebensgeschichte erzählst.

Gott als unsere eigene Geschichte

Das Universum besteht aus Geschichten, nicht aus Atomen.[23]

Wenn du nachts vor Kummer wachliegst und den Schlaf nicht mehr findest, was hilft dir dann? Wie bist du mit dem Tod deines Partners oder mit der Scheidung zurechtgekommen? Auf solche Fragen antwortest du nicht mit einem einzigen Wort oder einem einzigen Satz, der sagt, wie das geht, sondern du erzählst eine Geschichte von dem, was unterwegs mit dir geschehen ist.

Wenn jemand uns fragt nach unserem Gottesbild und wie wir darauf gekommen sind, dann hört er uns eine Geschichte erzählen, denn in unserem Gottesbild ist auch unsere Geschichte. Was Gott für uns bedeutet, ist ein Teil unserer Lebensgeschichte. Gott ist also kein isoliertes Wort, sondern ein Element einer Geschichte, die sich durch das ganze Leben hindurchzieht und weiterentwickelt.

Deine Geschichte stammt nicht nur von dir; andere schreiben sie mit, und anderen will sie mitgeteilt werden. Du wirst erst Mensch, wenn du «zur Geschichte kommst», wenn du dich selbst erzählst. Und umgekehrt: Wer du bist und wie du aussiehst, das siehst du nicht nur im Spiegel, das weisst du auch und vor allem aus dem, was andere dir erzählen: «Du siehst müde aus.» «Das hast du gut gemacht.» «Ich bin einverstanden oder nicht einverstanden mit dir.» Du wirst ein «Ich», weil andere «du» zu dir sagen.

So hat es mit uns allen begonnen. Durch Geschichten kamen wir dahinter, wer wir sind und was von uns als Jungen oder Mädchen, als Schülern, als Männern oder Frauen, als Homo- oder Heterosexuellen, als Soldaten, als Arbeitnehmern erwartet wird.

So hat es auch mit Gott begonnen: Im Anfang gab es Geschichten über Götter. Jeder Stamm, jedes Volk hatte seine eigene Geschichte von der Entstehung der Menschen und der Erde und vom Walten der Götter über das menschliche Leben. Ohne Geschichten kann Gott nicht zur Sprache

---

[23] Muriel Rukeyser, amerikanische Autorin (1913–1980), The Speed of Darkness, New York 1968.

kommen. Und so geht es noch immer. Gott ist ein erzählter Gott. Was wir von Gott wissen, kommt aus Erzählungen von Menschen. Du und ich, wir haben uns beide einmal ein Bild gemacht aus dem, was andere glauben, aus dem, was sie erfahren und erzählt haben. Und so geht es weiter: Täglich erzählen wir einander kleine und grosse Geschichten.

Um in den Begriffen zu reden, die ich zuvor gebraucht habe: Das sind Geschehnisse, aus denen Erfahrungen werden können. Du kannst meine und ich kann deine Geschichte verstehen, weil wir dieselbe Sprache sprechen, begreifen aber können wir einander erst, wenn sich etwas vollzieht: wenn meine Geschichte durch die deine und deine durch die meine berührt wird. Wenn du erzählst und es geschieht etwas mit mir, dann wird deine Geschichte für mich zu einer Erfahrung. Dann werde ich – durch das, was hinter dem Gesagten steht – getroffen auf der Ebene des Fühlens. Geschichten berühren nicht durch Worte, sondern durch die Erfahrungen, die hinter den Worten stehen.

Um durch die Geschichte eines anderen berührt zu werden, braucht dieser andere nicht unbedingt ein lebendes Wesen zu sein. Es kann auch jemand sein, der früher gelebt hat oder eine Figur aus einem Buch. Wenn das Buch mich anspricht, dann werde ich berührt durch eine Geschichte, in der erzählt wird, was mit einem, der unterwegs war, geschehen ist. Und dafür muss es nicht «wirklich» geschehen sein. Alle grossen Erzählungen der Weltgeschichte, die Ilias, Hamlet, Don Quichotte und so fort sind ganz oder grösstenteils erdichtet. Und sie wären längst vergessen, wenn sich die Menschen von heute nicht noch immer durch sie angesprochen fühlten. Man muss kein antiker Grieche sein, um sich in der Tragik des Ödipus zu erkennen. Erdichtete Geschichten sind keine Erfindungen, wenn sie eine Wirklichkeit abbilden, die für dich und mich erkennbar ist.

Biblische Geschichten

Auch die Bibel ist ein Buch mit erdichteten Geschichten. Ich sage das natürlich vorsichtig; als Pfarrer bin ich gehalten, nicht zu vergessen, dass diesem Buch zweifellos auch Historisches zugrunde liegt.

So wird von Mose erzählt, dass er in Midian wohnte. Midian gab es sehr wahrscheinlich, vielleicht hat dort sogar einmal jemand gewohnt, der Mose hiess. Aber den Mose der Bibel gibt es nur in der Bibel. Nicht als historische, sondern als mythologische Figur. Wenn ich mich erkenne in der Geschichte von seinem Weg durch die Wüste, dann gibt es Mose für mich. Ob es ihn in Wirklichkeit einst gegeben hat, tut nichts zur Sache. Was da geschehen ist, braucht nicht Wirklichkeit zu sein. Was erzählt wird von dem, was geschah, das ist *für mich* Wirklichkeit. Die Geschichte berührt mich, weil ich darin lese, was ich um mich herum und bei mir selbst wahrnehme, wenn ein Mensch aufbricht aus dem, was ihn bedrängt und unfrei macht. Die Geschichte ist nicht wahr, weil sie damals geschah, sondern weil sie heutzutage noch geschieht.

In der Bibel kommt dutzende Male der Ausdruck vor: «Und es geschah». Das ist der Formel «es war einmal» sehr verwandt. Frei übersetzt bedeutet es: Nun musst du aufpassen, denn was hier erzählt wird, ist zwar nie so geschehen, kann aber jeden Moment dir und mir geschehen.

Lukas beginnt seine Weihnachtsgeschichte mit den Worten: «Es geschah in jenen Tagen ...»[24] Vermutlich glauben nur wenige Leute, dass, was darauf folgt, tatsächlich so stattgefunden hat. Die Geschichte ist nicht wahr, weil sie so geschehen ist, wie sie da steht, sie ist wahr, wenn durch diese Geschichte etwas mit dir geschieht. Anders gesagt: Die Ausdruckskraft der Geschichte ist wichtiger als die historische Wahrheit, die sie enthält. Es war ja den Autoren der Bibel auch nicht darum zu tun, geschichtliche Informationen weiterzugeben, sondern als Gläubige ihre Sicht auf die Gegenwart zu formulieren.

Biblische Geschichten erklären nicht und analysieren nicht; sie illustrieren, was manche Menschen erfahren haben, was andere darin erkannt haben und worin wir uns heute noch immer erkennen können. Dass die Bibel «Gottes Wort» enthält, ist denn auch, so allgemein formuliert, eine leere Behauptung. Die Bibel ist ein Buch wie viele andere Bücher. Natürlich kommt das Wort «Gott» oft darin vor, aber ob es da jeweils um Gott geht, hängt nicht vom Buch ab, sondern vom Leser. Worte über Gott kön-

---

[24] Lukas 2,1.

nen für dich zu Gottes Wort werden, wenn du von ihnen angesprochen wirst. Ob das geschieht, hängt von deinen gegenwärtigen Lebensumständen ab und von dem, was du erlebt hast.

Wer je einmal nachts grübelnd wachgelegen hat, braucht keinen Exegeten, um sich in der Geschichte von Jakob, der in der Nacht kämpft, zu finden.[25] Ein anderer würde vielleicht darüber weglesen. Eine Geschichte kann dir in einem bestimmten Moment etwas zu sagen haben, in einem anderen gar nichts.

Wenn du dich in einer biblischen Geschichte erkennst, dann bricht sie gleichsam auf und bringt dich in Kontakt mit deinem eigenen Leben; die Menschen, die darin vorkommen, werden zu Spiegeln deiner selbst. Du begegnest dann deinen eigenen Erfahrungen, manchmal in deutlicherer Form. Das kann inspirierend und gelegentlich auch tröstlich sein: So war das bei mir auch, und ich bin nicht der Erste, dem das widerfährt.

In meinem Fall ist es Mose, der diesen Prozess auslöst. Wenn ich seine Geschichte lese, geschieht das ganz von selbst. Dass ich noch nie in einer Wüste war, spielt dabei keine Rolle; wenn ich auf mein eigenes Leben blicke und auf das anderer, dann erkenne ich Mose: wie er sich durch die Wüste schleppt, fort vom dem, was nicht gut ist, hin zu etwas anderem, Besserem. Er hat Gott erfahren als das, was mit ihm zieht; von dem lässt er sich leiten, nicht einfach passiv, hie und da unter heftigem Widerstand, böse, verdrossen. Manchmal fühle ich mich – gerade wie er – getragen, manchmal dagegen ganz alleingelassen in dieser Wüste. Seine Erfahrungen im Unterwegssein sind die gleichen wie meine. Das Dekor der Geschichte fällt dann dahin oder tut nichts mehr zur Sache. Die Wüste ist dann kein geologisches Phänomen mehr, sondern die Bezeichnung für eine Situation, in der ein Mensch auf die Probe gestellt wird durch die Unwirtlichkeit und Undurchschaubarkeit des Lebens. Ägypten (das Land des Todes) liegt dann nicht am Nil, sondern überall, wo Leben kein Leben mehr ist. Das Gelobte Land ist dann nicht irgendwo im Mittleren Osten, sondern überall dort, wo Menschen ihr Bestes tun, um menschenwürdig zu leben

---

[25] Genesis 32,25.

und leben zu lassen. Das Rote Meer ist dann nicht einfach ein grosses Wasser, sondern wird zur direkten Frage: Vor welchem Roten Meer stehe ich? Das kann für jeden wieder anders sein. Eine Erzählung hat dir nur dann etwas zu sagen, wenn sie eine Saite in deinem Innersten anrührt, wenn du etwas von deiner eigenen Lebensgeschichte darin erkennst. Darum gibt es auch niemanden – auch keinen Pfarrer –, der dir sagen könnte, was eine Geschichte für dich zu bedeuten hat, weil allein aus deiner eigenen Erfahrung heraus etwas darüber gesagt werden kann. Nur von dir selbst.

Biblische Geschichten erzählen von dem, was mit Menschen geschieht, die unterwegs sind zwischen Geburt und Tod. Mit allem, was dazugehört: Liebe, Hass, Treue, Betrug, Freude, Leid, Krankheit, Hoffnung, Angst, Verlangen. Und zwischen all diesem Wohl und Wehe geschieht Gott bisweilen. Es sind Geschichten darüber, wie Gott mitten in dem, was mit und zwischen Menschen geschieht, geschehen kann.

Ob man das auch so erfährt und benennt, das hängt vom je eigenen Rucksack ab, von dem, was unterwegs mit einem geschehen ist. Wenn eine dieser Geschichten dich anspricht, dann wird sie zu deiner Geschichte, dann kommst du selbst darin vor, dann bist du derjenige, von dem sie erzählt. Eine solche Geschichte bleibt dir im wörtlichen Sinn: Du trägst sie mit in deinem Rucksack auf deinem Weg von der Geburt zum Tod. So zieht diese Geschichte und die Weise, wie Gott darin geschieht, mit dir.

117

Gott als «was mit Menschen mitzieht»

Die Bibel bedient sich für Gott der gleichen Bildsprache: was mit Menschen mitzieht. Exodus 3, die Geschichte, in der Gott sich «vorstellt», bezeugt das schon: «Geht, und ich gehe mit euch» (durch die Wüste, ins Leben hinein).

Der Name Gottes ist unauflösbar verbunden mit Menschen, die in Bewegung kommen. Dieser dynamische Aspekt wird später in der Geschichte verdeutlicht im Bild der Wolken- und Feuersäule: «Die Wolke ging vor ihnen her.»[26]

Das hat der Autor intuitiv erfasst: Wenn du sitzen bleibst, wo du sitzt, geschieht nichts. Wenn du aber wegziehst, Schritte machst, dann wird sich erweisen, dass etwas mit dir zieht.

Auch anderswo in der Bibel erweist sich Gott als sehr beweglich. Zu Beginn schon, in Genesis 1: «Und die Erde war wüst und öde, und Finsternis lag auf der Urflut, und der Geist Gottes bewegte sich über dem Wasser.»[27] Da «gibt es» nicht etwas, da bewegt sich etwas. Oder: Gott ist nicht an einen bestimmten Ort gebunden, er «ist» nicht einfach irgendwo.

Und es kommt nicht von ungefähr, dass von Jesus erzählt wird, dass er irgendwo unterwegs geboren wurde, dass er durch Städte und Dörfer wanderte und nach Jerusalem zog. Und dass in den Evangelien immer wieder gesagt wird, dass Menschen «ausgesandt», auf den Weg geschickt werden. Ständig Bewegung!

---

[26] Exodus 13,21. Da steht: «Der HERR aber ging vor ihnen her, am Tag in einer Wolkensäule, um sie den Weg zu führen, und bei Nacht in einer Feuersäule, um ihnen zu leuchten, so dass sie Tag und Nacht gehen konnten.»

[27] Genesis 1,2.

Gott geschieht

Darum wäre es besser, von Gott zu sagen, dass er geschieht, als zu behaupten, dass es ihn gibt. Oder vorsichtiger: dass Gott geschehen kann. Auch vom «Vorhandensein» Gottes zu reden, ist nicht angebracht. Als ob um einen herum oder in einem drin etwas von ihm wäre, dessen wir uns bewusst sein müssten oder könnten. Das Wort «Gott» leitet sich auch nicht von einem selbständigen Substantiv ab, sondern von einem Verb: «Geh, und ich gehe mit dir.» Anders gesagt: Gott besteht nicht, er entsteht, kann entstehen, und Gott «ist» nicht, sondern kann oder könnte sein.

A manager shows his skills through his people.[28]

Wenn Gott geschieht, dann geschieht das nicht ohne die Menschen. Oder: Wenn es nicht um dich oder mich geht, kann es auch nicht um Gott gehen. Auf diese Weise behält Gott beide Füsse auf der Erde. Es mag stimmen, dass Gott etwas ist, das «über den Menschen hinausgeht», aber wenn hinter diese Aussage ein Punkt gesetzt wird, dann bleibt sie wörtlich «in der Luft hängen» als ein nebulöses, manchmal auch ganz bequemes Wortgebilde. So wörtlich soll man «das Schweben über dem Wasser» nun auch wieder nicht verstehen.

Worum es geht, ist grossartig gesagt in dem einen Satz: «Ich habe das Elend meines Volks in Ägypten gesehen (…) So bin ich herabgestiegen, um es aus der Hand Ägyptens zu erretten.»[29] Gott «steigt herab», er braucht Menschen, um Gott sein zu können.

«Geht, und ich gehe mit euch.» Im Namen ist der Abstand zwischen Gott und Mensch gewissermassen schon überbrückt. Gott wird so erfahren wie der Mensch nebenan. Wo keine Menschen sind, geschieht Gott nicht. Gott geschieht zum Beispiel nicht in der Natur, die sich weder um Gott noch um die Menschen kümmert. Hinter «Gott geschieht» gehört

---

[28] Wandspruch im Büro meines Chefs bei Rank Xerox in Amsterdam 1973.
[29] Exodus 3,7–8.

119

ein Komma, und hinter das Komma gehören Menschen. Glauben ist nicht losgelöst von anderen.

Eines der grössten Missverständnisse im Zusammenhang mit «glauben» ist zu meinen, dass glauben weniger abhängig mache von Menschen: «Es ist sehr hart für ihn, aber er ist zum Glück getragen durch seinen Glauben.» Das mag man vielleicht von sich selbst denken oder sagen können, aber nicht von einem anderen. Je überzeugter dessen Mitmenschen sind, dass er es mit seinem Glauben schafft, desto weniger werden sie sich anstrengen, selbst etwas dazu beizutragen, dass er es schafft. Aber so gläubig er auch ist, ohne seine Mitmenschen wird er es nicht schaffen. Ohne menschliche Mitwirkung ist Gott nirgends.

Auch in der Bibel geht es nirgends um «Gott an sich», sondern stets um das, was geschieht in der Geschichte von Menschen. Es geht immer um den Gott Abrahams, um den Gott Jeremias, um den Gott Hiobs und so fort. Gott ist keine Bühne ohne Spieler oder ein unbewegter Beweger. Wenn das Wort fällt, geht es immer um Menschen, die etwas damit anfangen müssen.

So kann man noch immer sagen: Gott geschieht, wenn Menschen tun, was die Bibel von Gott sagt. Jesus sagte es, mit einem Zitat aus Leviticus[30]: «Ihr sollt also vollkommen sein, wie euer himmlischer Vater vollkommen ist.»[31] Oder: Menschen sollen sein wie Gott. Wenn Menschen tun, was die Bibel von Gott erzählt, dann erfüllt sich, was das Wort «ich werde da sein» bedeutet, dann geschieht Gott. Jesus selbst wurde ja Immanuel genannt: Gott mit uns. Treffender kann man es nicht mehr sagen: Wenn man Gott sucht, muss man bei den Menschen sein.

Kein Gott ohne Menschen also. Damit ist nicht gemeint, dass Gott den Rahmen des Menschlichen nicht sprenge. Denn für mich ist das nämlich ganz genau der Kern der Sache: dass Gott sehr wohl über das Menschliche hinausgeht. Ich komme darauf noch zurück, schicke aber jetzt noch etwas über «Gott im Menschen» voraus.

---

[30]   Leviticus 19,2.
[31]   Matthäus 5,48.

Meine Inspiration entzündet sich an einem Punkt, der ausserhalb meiner selbst liegt.[32]

Gott in den Menschen?

Es kann, wie gesagt, nicht um Gott gehen, wenn es nicht um dich und mich geht. Das bedeutet aber nicht, dass sich Gott in dir und in mir befindet oder dass es im Menschen so etwas wie einen göttlichen Funken gäbe. Damit würde man Gott einschliessen, seine je eigene Definition von Gott, falls man eine solche hatte, abschaffen. Gott «befindet sich» oder «ist» nicht irgendwo.

Ich weiss, das Bild vom «Gott im Menschen» ist weit verbreitet, doch es beruht auf einem alten und zählebigen Missverständnis. Es ist mindestens so alt wie die Gnosis[33] und noch so lebendig wie New Age. Darüber ist von anderen genug geschrieben worden, ich beschränke mich auf die Folgen und die Missverständnisse.

Nach einer der gnostischen Lehren ist Gott eine Geist- oder Lichtsubstanz, die zerstreut worden ist. Die Zerstreuung geht vermutlich auf eine Explosion zurück, daher die «Funken». In jedem Menschen sitzt so ein Fünkchen, und es geht darum, sich dessen bewusst zu werden, auf diese Weise Gott kennenzulernen und erlöst zu werden. Es ist ein attraktives Gottesbild, weil es weit entfernt ist von den dunklen Vorstellungen der Kirche. Die kirchliche Lehre ist noch immer geprägt von der «Erbsünde»: Der Mensch ist im Kern schlecht, weil Eva es einst im Paradies verbockt hat. Erlösung ist nur dank Christus möglich und allein durch ihn, man soll aber nicht allzu sehr damit rechnen.

Die Popularität der Idee, dass Gott im Menschen wohne, auch unter Christen, ist verständlich: Früher suchte man Gott über und jenseits der Menschen, aber da war er nicht. Sollte er dann nicht …? Nein, da tut ein

---

[32] Paul Klee, Schweizer Kunstmaler (1879–1940).
[33] Philosophisch-religiöse Bewegung in den ersten Jahrhunderten des Christentums, die als Ketzerei verfolgt wurde, da sie von einem Weg der Erkenntnis (*gnosis*) ausging und damit abwich von der kirchlichen Erlösungslehre.

bisschen Abstand gut. Wenn Gott nämlich in uns sitzt, braucht man nicht mehr zu beten und muss sich ausserdem einiges an Kunstgriffen einfallen lassen, um das Böse zu erklären. Und wie soll ich ihn fortan anreden? Kuitert fügt da ganz freundlich noch bei, dass man dann auch den Menschen neu definieren müsste: «Wenn man dem Menschen eine Parzelle göttlicher Qualität zuspricht, dann ist er eigentlich kein Mensch mehr.»[34] Chesterton war hundert Jahre früher weniger barmherzig: «Von allen schrecklichen Religionen ist die schrecklichste der Kult um den ‹Gott im Innern›. Dass Meier den Gott in seinem Innern anbeten soll, läuft letztlich darauf hinaus, dass Meier Meier anbetet.»[35]

Wie schön und verführerisch es bisweilen auch formuliert wird – Gott als Quell unserer Möglichkeit, ein Leben in Hingabe und Liebe zu führen, als Quell des Guten, das wir in uns haben, als das Beste in uns selbst, als das glühende Innere unserer Existenz –, was es da immer in uns geben mag, es wird erst Gott, wenn es herauskommt. Oder, um im Bild zu bleiben: Wenn es schon irgendetwas «Göttliches» im Menschen geben soll, dann gleicht das eher einem Anzündwürfel als einem Funken. So ein Anzündwürfel brennt nicht von selbst, sondern muss erst von jemandem angezündet werden. Der «Funke» muss von aussen kommen. Das heisst: Wenn das Würfelchen sich entzündet, dann brennt ein Feuerchen in dir, das nicht allein von dir stammt – das es allerdings auch nicht gäbe, wenn du nicht wärst.

[34] Harry Kuitert, Schiften, Kampen 2004, 117 (s. oben, 70, Anm. 72).
[35] G. K. Chesterton, britischer Literat (1874–1936), Orthodoxie. Eine Handreichung für die Ungläubigen, Frankfurt a. M. 2000, 151.

Gott zwischen den Menschen?

«Wenn ich in einem Spital war oder in einem Betagtenheim oder an einem Ort, wo Kranke gepflegt wurden (...), hatte ich immer den Eindruck, Gott am Werk zu sehen.»[36]

Zwischen Menschen kann es täglich «funken». Wenn bei einer Begegnung etwas «geschieht», dann ist das leicht festzustellen: Man echauffiert sich. Das kann man nicht mit dem Verhalten einer einzigen Person erklären; ohne eine andere Person geschieht nämlich nichts.

Eins plus eins ist manchmal mehr als zwei, und dieses Mehr könnte man vielleicht ganz vorsichtig Gott nennen. Gott entzündet sich da gleichsam am Geschehen zwischen Menschen. Und «zwischen» ist nicht innen, sondern aussen. Man vergleiche das bloss mit der Liebe: Sie stammt nicht von den Menschen, aber ohne Menschen ist sie nichts: Liebe kommt und geht durch Menschen. Sie ist «etwas, was grösser ist als wir, aber ohne uns ist sie nichts». Wenn ich eine Definition von Gott geben müsste, käme sie dem sehr nahe. Mit einem klassischen Bild: Gott ist die vertikale Dimension des horizontalen Geschehens zwischen Menschen.

In «nichtkirchlichen religiösen Kreisen»[37] zirkuliert der Ausdruck «höheres Selbst». Man geht davon aus, dass – natürlich bildlich gesprochen – der Mensch einen Mittelpunkt hat, ein Fleckchen, wo er nur er selbst ist, losgelöst von allem, woran er hängt und was ihn beschäftigt, wo er keine Verbindung mehr hat zu seinen Sorgen, seinen Plänen, seinen Wehwehchen, seiner Uhr und dem Lärm um ihn herum. Wenn man nicht in diesem Zentrum ist, weil man abgelenkt ist durch irgendetwas, dann kann man zum Beispiel auch niemandem zuhören, dann hat es auch keinen Sinn zu beten und so fort. Nur von diesem Mittelpunkt aus kann

---

[36] Bemerkung von Jan Lokerse (1953–1995), Krankenpfleger und Mitglied der Kirchengemeinde Middelburg.

[37] Auch «alternatives Umfeld» genannt. Davon wird in kirchlichen Kreisen gelegentlich so gesprochen, als handle es sich um etwas Unappetitliches. Für mich gilt das nicht, ich habe mit viel Vergnügen von diesen Kreisen profitiert und habe ihnen letztlich auch zu verdanken, dass ich Pfarrer geworden bin.

man eine horizontale Linie ziehen zu anderen Menschen respektive eine vertikale zu Gott, wobei die Theorie dann nicht von Gott, sondern vom «höheren Selbst» spricht.

Aber wo endet das höhere Selbst und beginnt Gott? Weiss ein Mensch, wo er selbst aufhört und wo Gott beginnt? Die Frage nach der vertikalen Linie kann meiner Meinung nach nur beantwortet werden, wenn man die horizontale Linie zieht.

Der Apostel Paulus wäre damit wohl einverstanden gewesen: «Menschen kamen Paulus entgegen, und als er sie sah, dankte er Gott und fasste Mut.»[38] Er sieht nur Menschen, aber er dankt Gott. Man könnte es präziser nicht sagen.

Ein Atheist würde hier vielleicht einwenden: Da muss man doch Gott nicht bemühen, das ist doch alles aus dem Menschlichen erklärbar. Gewiss. Was der eine göttlich nennt, betrachtet der andere als ganz und gar menschlich. Wenn man es «normal» findet, dass jemand jahrelang unter Verzicht auf vieles einen Kranken pflegt, dass andere sich selbstlos für Flüchtlinge einsetzen, dass jemand ins Wasser springt, um einen Unbekannten zu retten, dann hat man das Wort «Gott» nicht nötig.

Ich vermute aber, dass es gerade in solchen Situationen entstanden ist. Wenn das nicht so wäre, wenn der Begriff ausschliesslich gebraucht würde zur Bezeichnung des Hocherhabenen, dann sehe ich nicht ein, inwiefern er je etwas mit dem Alltag der Menschen zu tun gehabt hat und zu tun haben kann. Und ich kann mir auch nicht vorstellen, wie das Wort «Gott» den Menschen je in den Sinn gekommen wäre.

Wo Menschen nicht wirklich aufeinander bezogen sind, nicht versuchen, füreinander Mensch zu sein, da braucht man nicht über Gott zu reden. Doch wo Menschen willens sind, Anteil zu nehmen an der Besonderheit und der Verletzlichkeit des je anderen, da kann Gott geschehen.

---

[38] Apostelgeschichte 28,15; nach der Übersetzung des Autors wiedergegeben. Wörtlich: «Die Brüder und Schwestern, die gehört hatten, was uns zugestossen war, reisten uns (…) entgegen. Als Paulus sie sah, dankte er Gott und fasste Mut.»

Wo sonst? Wenn ich es in dir nicht wahrnehme und du nicht in mir, was gibt's dann noch zu glauben?

Gott kann geschehen als das «Aussergewöhnliche im Gewöhnlichen». Es kommt manchmal vor, dass, was «gewöhnlich» zwischen Menschen geschieht, über die Menschen hinausweist: in Momenten, da sie ihre Insel verlassen und sich öffnen füreinander, da ihre Einsamkeit aufgebrochen, da ihr Leid geteilt wird. Wenn immer Gott irgendwo zu spüren ist, wo dann, wenn nicht im Mitgefühl für andere lebende Wesen, in menschlicher Nähe?

Gott ohne Menschen?

Es kann nicht um Gott gehen, wenn es nicht um dich und mich geht. Aber muss es denn unbedingt um dich *und* mich gehen? Harry Kuitert und Pater Jan van Kilsdonk, unter anderen, sehen das so: dass Gott «sich» offenbart im anderen, oder dass Gott gleichsam «entspringt» aus den Beziehungen zwischen den Menschen. Wobei dann gelegentlich noch hinzugefügt wird, dass nur dort von Gott die Rede sein kann, wo ein Mensch sich durch die Bedürftigkeit oder Not eines anderen angesprochen fühlt.

So schreibt Kuitert, dass er sich nur eine einzige Erfahrung vorstellen kann, die dafür qualifiziert ist: «den Hilferuf eines Menschen auf meinem Weg». In dieser Situation, und nur in dieser Situation geschieht das.[39] Anders gesagt: Gott geschieht, wenn Menschen sich begegnen, von einer Art «Einbruch von oben» ist nicht die Rede. Ich sehe nicht, was dagegen einzuwenden wäre.

Und dasselbe gilt von dem, was ich bei Pater Jan van Kilsdonk lese: «Wenn ich einen anderen anschaue, oder eher: Wenn ein anderer mich anschaut (...), wenn sein Blick bittet um ein wenig Anerkennung, um

---

[39] Harry Kuitert, Voor een tijd een plaats van God («Für eine gewisse Zeit ein Ort Gottes»), Baarn 2002. Ich zitiere frei, um das Wort «Transzendenz» zu umgehen. Wörtlich schreibt Kuitert: «Sich angesprochen zu fühlen durch Menschen, die uns brauchen (...), das heisst, die Kraft der Transzendenz erfahren. In dieser Situation, und nur in dieser, begegnet uns Transzendenz.»

einen kleinen Dienst, der aber die Bedingungen des Menschseins betrifft, dann ist dieser Blick ein unwiderstehlicher oder besser: ein unentrinnbarer Appell an mich, dann trifft mich dieser Blick als ein absoluter Imperativ. Und je mehr ich mich diesem Appell verschliesse und meine Augen abwende, desto mehr fühle ich mich meinem eigenen Menschsein entfremdet. Dieser Blick ist die Stelle, an der sich Gott offenbart. Gott ist nirgends sonst. Wer Gott anderswo sucht, schafft sich ein Alibi, verdrückt sich und betäubt sich.»[40]

Damit räumen beide Autoren endgültig auf mit irgendwelchen Anspielungen auf ein übernatürliches Wesen. Es gibt kein Geheimnis hinter unserem Dasein. Damit bin ich völlig einverstanden. Doch da, wo Kuitert und van Kilsdonk einen Punkt setzen, setze ich ein Komma. Es gibt kein Geheimnis hinter unserem Dasein, Komma, unser Dasein selbst ist ein Geheimnis. Dieser Aspekt kommt, meines Erachtens, bei beiden zu kurz. Religion wird von ihnen beschränkt auf diesen Appell, und Gott wird reduziert auf den Ruf oder den Blick des anderen.

Ich will das keineswegs bestreiten – es stimmt überein mit dem, was ich unter der vertikalen Dimension im horizontalen Bezug der Menschen zueinander verstehe, und unterstreicht auch, dass Gott nicht ist und dass es ihn nicht gibt, sondern dass er sich immer wieder erweisen muss – aber ich will etwas hinzufügen. Dass er sich «nur in dieser Situation» erweist und «nirgends sonst», ist mir zu restriktiv, das muss erweitert werden. Ich lasse lieber die Möglichkeit offen, dass Menschen Gott erfahren können, ohne dass ein Wort fällt und ohne dass der Blick eines anderen direkt auf sie fällt. So kann ich auch gelten lassen, was ich bei Mystikern lese oder von Bachliebhabern über ihre religiösen Erfahrungen höre. Und ich habe zu viel gehört, um Erlebnisberichte, gegenüber denen ich nur still werden kann, nicht gelten zu lassen.

Wenn jemand sagt: «In der Nacht vor der Operation wurde ich auf einmal ganz ruhig, es war, wie wenn eine Stimme zu mir spräche», dann hab ich keinen Kommentar dazu zu geben. Die Beurteilung der Gottes-

[40] Jan van Kilsdonk, Gezegend de onzienlijke («Gesegnet sei der Unsichtbare»), Kampen 1988, 180f.

erfahrungen eines anderen Menschen liegt nicht in meiner theologischen Kompetenz. Manchmal ist mein Leiterchen zu kurz, um Erklärungen zu bieten, warum, zum Beispiel, ein Gefühl von Geborgenheit und Nähe stärker sein kann als Angst und Unruhe.

Wenn jemand zu mir sagt: «Herr Pfarrer, ich bin froh, meinen Glauben zu haben, der ist mir eine grosse Stütze», dann finde ich es ziemlich unpassend, darauf anders als mit einem wohlmeinenden «Amen» zu reagieren. Und den sogenannten Kennern, die solche Herzensergüsse als Äusserungen einer mehr oder weniger durch Neuronen gesteuerten Autosuggestion erklären, sei ein Tag in Efteling[41] empfohlen.

Hier ist wohl die Grenze des Bereiches, in dem einer für den anderen sprechen kann. Und wo es keine Worte gibt, da gibt es auch gar keine Antworten.

[41] Freizeitpark in den Niederlanden.

Gott als Antwort

Nur uninteressante Fragen haben eine endgültige Antwort.[42]

Von Religionen wird behauptet, dass sie seit alters Versuche seien, Antworten auf Lebensfragen zu geben. Das stimmt insofern, als damit deutlich wird, dass Religion Menschenwerk ist: Menschen geben Antworten. Doch scheint mir die Behauptung etwas zu hoch gegriffen und auch nicht ganz logisch; man kann ja einen Versuch wagen, aber Lebensfragen heissen nicht umsonst «Fragen». Der Ausdruck «Lebensantworten» kommt in den Wörterbüchern nicht vor. Lebensfragen können nur gelebt werden. Und die Verben, die zu ihnen passen, sind eher «suchen» und «tasten» als «feststellen» und «beantworten».

Warum ist etwas, was ist? Was ist sein Sinn? Warum bin ich, wer bin ich eigentlich, wozu lebe ich und wovon, was macht mich glücklich und was nicht? Jeder Mensch, ob er sich nun als gläubig versteht oder nicht, stellt sich diese Fragen und sucht in seinem Leben nach Halt in einer verwirrenden und manchmal bedrohlichen Welt. Wie gehe ich um mit Enttäuschungen, mit der Liebe, mit dem Tod, mit den anderen? Gibt es etwas, das mein Leben trägt oder steuert? Was gibt es auf dieser Welt zu glauben, zu hoffen, zu lieben? Und was hat Gott damit zu tun? Religionen haben ihren Ursprung in solchen Fragen, über sie hinaus aber kommen sie nie.

Darum ist glauben auch nie einfach, es ist stets umgeben von einem breiten Rand von Nichtwissen, von Zweifel oder Leere. Damit will ich nicht etwa sagen: «Wenn man es nicht weiss, dann liegt man richtig», sondern: «Wenn man meint, (es schon) zu wissen, dann liegt man bestimmt falsch». Oder in jedem Fall nicht richtig.

---

[42]   Eric-Emmanuel Schmitt, Oskar und die Dame in Rosa, Zürich 2003, 94.

Der felsenfeste, frohgemute Glaube, den gewisse muntere Kreise zur Schau tragen, ist höchstens die eine Seite der Glaubens-Medaille. Für die meisten Menschen heisst glauben etwas anderes, als über ein Paket von Sicherheiten oder ein System von Wahrheiten zu verfügen. Glauben ändert nichts an der Tatsache, dass das Leben undurchsichtig ist. Das ist gerade das Risiko eines erwachsenen Glaubens: An die Stelle abgelegter Selbstverständlichkeiten treten keine neuen. Und das Vertrauen wird oft genug angefochten und auf die Probe gestellt. Man muss es immer wieder zurückgewinnen im Kampf gegen Zweifel, gegen die Frage, was es nützt oder ob nicht doch am Ende alles eine Illusion sei. Treu zu bleiben seinem eigenen Wesen, dem, was man in seinen besten Momenten erfahren oder gesehen hat, das geht bei niemandem einfach von selbst.

Glauben bedeutet auch und vielleicht vor allem, Fragezeichen auszuhalten, sie ins Auge zu fassen und es zu wagen, mit Unsicherheiten und Unklarheiten zu leben. Vielleicht kann man erst dann anfangen zu glauben, wenn man von Antworten Abschied genommen hat. Warum muss ich zur Schule gehen, warum muss ich die Zähne putzen, warum muss ich an Gott glauben? Weil meine Eltern und die Lehrerin das sagen. Aber wenn man erwachsen wird und auf die Suche geht nach dem, was zu einem passt, dann ist es höchst unwahrscheinlich, dass es dem entspricht, was die Eltern sagten.

Glauben heisst nicht, auf Fragen Antworten zu bekommen, das ist ein Missverständnis, das aus der Zeit des Katechismusunterrichts stammt. Das tut mir leid für den Katechismusunterricht, aber glauben heisst eben: entdecken, dass es anders ist, als man es gelehrt wurde, und dass Antworten einen vielleicht weiter von Gott wegführen als Fragen. Oder andersherum: dass Gott uns im Fragen vielleicht näher ist als im Festhalten sogenannter Wahrheiten.

Niemand weiss, wie das Leben gefügt ist und wie Gott darin vorkommt. Leben heisst nun mal: leben mit offenen Fragen. Antworten sind nur allzu oft Beschwörungen. Die Fragen, die das Leben offenlässt, sind auch mittels Gott nicht zu beantworten.

Gott ist also auf nichts eine Antwort.

«Warum, Gott, warum?» Das ist die letzte Frage Jesu. Aber es kommt keine Antwort. Jesus stirbt mit einer Frage auf den Lippen: «Mein Gott, warum hast du mich verlassen?» Gott gibt keine Antwort. Nein, den Gott, der antworten könnte, gibt es nicht. Und der Gott, an den man vielleicht gern glauben möchte, hat hier nichts zu sagen.

Gott ist selbst eine Frage geworden. Er ist nicht die Antwort auf unsere Fragen, sondern die Frage nach unserer Antwort. Letztlich geht es um deine und meine Antwort auf die Frage, ob wir Hoffnung und Vertrauen schöpfen können aus dem, was wir in unserem Leben erfahren und aufgenommen haben. Ob wir mit dem Inhalt unseres Rucksacks das Leben meistern und schliesslich auch den Tod. Die Antwort auf diese Frage gibt man nicht, man lebt sie.

Glauben heisst: Überzeugt sein davon, dass das Leben dich etwas fragt und dass, falls es darauf eine Antwort gibt, du selbst diese Antwort bist. Anders gesagt: Hinter Gott steht nie ein Punkt, sondern ein Komma. Und hinter dem Komma stehst du. Stehen wir.

[43] Genesis 3,9.

3. Atheist und Pfarrer: Wie geht das?

Wenn es Gott nicht gibt, was hast du dann als Pfarrer, als «Diener des göttlichen Wortes», über Gott noch zu sagen? Diese Frage wird mir oft gestellt: Wie machst du das im Gottesdienst? Wie gehst du um mit der Bibel, mit der Liturgie, mit dem Gebet? Und du stehst doch in einer christlichen Tradition, wie hältst du es damit? Wie kommst du zurecht damit, dass nicht jeder in deiner Gemeinde so denkt wie du? Wie reagierst du auf Krankheit und Tod, kannst du da überhaupt Trost spenden? Und die meistgestellte Frage: Was hast du in der Kirche noch zu suchen, warum trittst du nicht aus?

In diesem Kapitel werde ich versuchen, Antwort zu geben auf diese Fragen. Ich beginne damit, dass ich noch einmal ein paar Dinge von mir erzähle, die ein Licht auf meine Beweggründe werfen. Dann werde ich auf das eingehen, was man über Gott sagt, was Gott sagt und was man zu Gott sagt.

In meinen Gottesdiensten geht es immer um Gott. Aber das ist nie der Ausgangspunkt. Von Gott auszugehen, ist ebenso abstrakt und sinnlos wie eine Konversation zu führen über das Leben im Allgemeinen. Ich gehe umgekehrt vor: Ich gehe von deinem und meinem Leben aus. Vielleicht kommt Gott dann «zur Sprache». Oder anders gesagt: In dem, was mit und zwischen den Menschen geschieht, kann Gott «zu Wort kommen». Auch im Umgang mit der Bibel gehe ich so vor: Ich lege keine biblischen Geschichten aus, jedenfalls ist das nie der Ausgangspunkt. Wenn ich eine Predigt höre, die von einer biblischen Geschichte ausgeht, dann finde ich das meistens langweilig; ich werde nicht weiser davon, dass man mir wieder ein paar Lichter aufsteckt über Vergangenes. Nein, ich mag es lieber andersherum: Wenn Gott im Jetzt zur Sprache kommt, dann verstehe ich von selbst, wie früher über Gott gesprochen wurde und wie Gott selbst damals «gesprochen» hat. Die Bibel meldet sich dann meist ganz von selbst.

So komme ich dann auf das, was Gott spricht. An vielen Stellen der Bibel heisst es, dass «Gott sprach». Das muss, wenn man daran festhalten will, dass es Gott nicht gibt, übersetzt werden. Das werde ich tun anhand des Begriffs «Offenbarung». Es handelt sich hier – genau wie bei allen anderen Worten der Bibel – um menschliche Sprache: Gott hat nie gesprochen; es sind Menschen, die über Gott sprachen und sprechen. Das kann man nicht anders als mit ganz gewöhnlichen, alltäglichen Menschenworten, und das heisst: Es wird symbolisch von Gott gesprochen. Und weil Menschen Personen sind, kann das gar nicht anders geschehen als auf eine «persönliche» Weise. Das heisst aber nicht, dass Gott eine Person ist.

Danach kommt das Schwierigste: das Sprechen zu Gott. Wenn es Gott nicht gibt, wenn er also keine Person ist, was gibt es dann noch zu beten? Eigentlich nichts. Ich würde gern auf das Wort verzichten, weil es in seiner landläufigen Bedeutung unauflöslich verknüpft ist mit der Vorstellung von Gott als einer hörenden Person. Aber ohne das Wort «beten» zu gebrauchen, kann man wohl schlecht über das Beten reden. In diesen Konflikt geraten bei mir auch das stille Gebet, das Fürbittegebet und das Unservater. Ich suche nach anderen Formen und nach einem anderen Inhalt dessen, was man allgemein unter «Gebet» versteht. Und vor allem: nach anderen Worten, nach einer Sprache, die nicht anders als wörtlich verstanden werden kann.

Zum Schluss: Ein Pfarrer ist nicht nur Prediger, sondern auch Pastor, das heisst: Hirt. Die Assoziationen an eine nomadische Lebensweise, die dieses Wort hervorruft, machen es meines Erachtens für unsere Zeit unbrauchbar, doch will ich mich vorläufig noch dem herrschenden Sprachgebrauch anschliessen. Für den Hirten ist das «setting» ein anderes als für den Prediger: Da bin ich nicht Sprecher, sondern Zuhörer, Gesprächspartner. Und das will ich blanko sein, indem ich einfach Klaas bin. Natürlich hätte man mich, wenn ich nur Klaas und nicht der Herr Pfarrer wäre, nicht gebeten zu kommen. Doch möchte ich jeden Eindruck vermeiden, dass da ein Prediger daherkommt, der über irgendwelche besonderen Kenntnisse verfügt und Antworten weiss. Darum habe ich jeweils ausser meiner Brille kein Gepäck bei mir. Auch keine Bibel.

134

Warum tue ich das zu meinem Besten? Weil ich so keine Erwartungen wecke, die ein Pfarrer gar nicht einlösen kann. Die Erwartung liegt zum Beispiel schon in der Frage: Kannst du trösten? Als «verfügte» der Pfarrer über irgendetwas oder könnte etwas bieten «namens» eines Anderen. Wer weiss, was Leid heisst, weiss auch, dass es durch niemanden weggewischt werden kann, es ist einfach da. Es kann aber «geteilt» und ein wenig «mitgetragen» werden. Trösten heisst vor allem: das Leid stehen lassen und es ernstnehmen. Dafür braucht es Menschen, die da sind und Nähe vermitteln. Das unterscheidet mich nicht von irgendeinem anderen Menschen; das meine ich, wenn ich mich als «Klaas» verstehe. Das *setting* ist anders, das Resultat ist das gleiche: Gott kommt zur Sprache oder auch nicht. Meine Besuchserfahrung ist, dass theologische Fragen marginal sind. Sie werden gestellt in Form von: «Was verstehst du unter ...?, was ist gemeint mit ...?», sie sind aber an sich nicht der Anlass des Gesprächs. Nicht Gott steht auf der Agenda, sondern das Leben des Betroffenen. Die Idee, ich sollte aufgrund meiner Bibelkenntnisse die Lebensgeschichte von Menschen in Beziehung zu biblischen Geschichten setzen können, ist meines Erachtens einer Schriftgelehrsamkeit entsprungen. Und riskant: Wer bin ich denn, einen anderen auf eine solche Spur anzusetzen? Und wohin führt ihn diese Spur? Zu etwas Tröstlichem?

Doch lassen wir's, ich sollte Antwort geben, und nun bin ich ins Fragen geraten. Ich werde am Ende die (Trost-)Frage zuspitzen in meinen Ausführungen über «Gott und Tod».

Noch einmal einige Worte über mich

Was ich zu Beginn dieses Buches über meine Person gesagt habe, endete mit dem Antritt meiner Pfarrstelle in den kirchlich-liberalen Gemeinden von Zierikzee und Middelburg. Von Anfang an habe ich mich da zu Hause gefühlt; man hat mir Raum gegeben, es «anders zu machen». In der kirchlichen Landschaft darum herum bin ich immer ein «Fremdling in Jerusalem» geblieben. 1984 nahm ich zum ersten Mal an einer Classis-Versammlung[1] teil. Und auch zum letzten Mal; seither bin ich «mit stillschweigender Kenntnisnahme abwesend», mit Billigung meiner Gemeinden.

Als Prediger war und bin ich, ungern, in hohem Mass auf Do-it-yourself-Verfahren angewiesen. Für einen, der nicht glaubt, dass es Gott gibt, steht praktisch kein Material zur Verfügung. Ich suchte und fand, was das betrifft, mein Heil in katholischen Kreisen, lernte einige Priester kennen und wurde ein guter Kunde des Verlags Gooi & Sticht. Während der Suchaktion nahm ich in Deventer an einem Osterwochenende teil unter der Leitung von Loed Loosen, einem Jesuitenpater. Da hörte ich jemanden reden, der, was ich fühlte und dachte, in Worte fasste auf eine Art, wie ich es selbst nicht gekonnt hätte: scharfsinnig, subtil, «fromm» und ganz nüchtern (ich erinnere mich an seine ersten Worte an Karfreitag: «Ein Mord an einem unschuldigen Menschen kann zu nichts Gutem führen»). Daraus wurde eine lange und schliesslich freundschaftliche Verbindung. Mit grossem Respekt denke ich zurück an die Standhaftigkeit, die er bewiesen hat, im Konflikt zwischen Rom und der Welt, in der er lebte. Er litt darunter, kämpfte und blieb aufrecht. Er hat als Theologe, aber nicht nur als Theologe, dazu beigetragen, dass ich wurde, was ich bin. Wer ihn

---

[1]   Ein Classis ist ein regionaler Verband von Kirchengemeinden.

gekannt hat, wird in diesem Buch gewiss ab und zu sein «Echo» hören, ihn lächeln und – ich fürchte – auch den Kopf schütteln sehen. Im eigenen konfessionellen Milieu konnte ich indessen nur mühsam Anschluss finden. Ich schnupperte bei den organisierten Kirchlich-Liberalen herum und war erstaunt, wie wenig sich der damalige Niederländische Protestantenbund *(Nederlandse Protestantenbond)*, die Remonstranten *(Remonstrantse Broederschap)* und die Vereinigung Hervormden-Liberalen *(Vereniging van Vrijzinnige Hervormden)* voneinander unterschieden. Man beschäftigte sich damals schon (und dieser Prozess ist meines Wissens noch immer nicht zu einem Ende gekommen) nahezu andauernd mit der eigenen Identität, wobei jede Form des Zusammenschlusses von vornherein ausgeschlossen wurde. 1986 äusserte ich mein Befremden darüber in einem offenen Brief an die entsprechenden Leitungsgremien unter dem Titel: «Gehupft wie gesprungen. Euch unterscheidet doch bloss der Stallgeruch», in dem ich ihnen empfahl zu fusionieren. Die Reaktionen darauf lauteten kurz zusammengefasst ungefähr so: «Man sieht, dass du aus einem Unternehmen kommst, du wirst schon noch dahinterkommen, dass es bei uns nicht so zugeht.» Ich bin unterdessen dahintergekommen: In einem Unternehmen kleben die Leute im Allgemeinen nicht so lange an ihrem Sessel.

Ich erinnere mich an ein Planspiel anlässlich einer Zusammenkunft liberaler Pfarrer. Die Teilnehmer wurden gebeten, sich bei einem von drei «Standpunkten» zu positionieren, die auf grossen weissen Papierbögen, die am Boden lagen, formuliert waren. So bildeten sich drei Gruppen. Ich stand allein bei der Tür.

Die Frage von damals stellt sich mir noch immer: Gehöre ich zu diesen? Will ich da dazugehören? Ja und nein. Das Ja betrifft die Aufgabe eines Pfarrers in der Gemeinde, das Nein die Institution, die sich nicht vorwärtsbewegen will. Das Ja kann ich eigentlich nur so begründen: Wenn ich morgens aufwache, denke ich immer: «Ich mag wieder», und nie: «Ich muss wieder».

Und es funktioniert. In meinen Gemeinden konnte und kann ich etwas ausrichten für die Menschen. Nicht zuletzt für diejenigen, die Mühe haben mit dem, was ihnen früher beigebracht wurde, aber nicht erwägen, aus der Kirche auszutreten, die oft hungern nach etwas «anderem» und offen sind für die Botschaft: «So muss es nicht sein, es kann vielleicht auch anders sein». Ich habe gelernt, dass Sinnsucher keine «Antwortsucher» sind, dass Menschen nicht geholfen ist mit Antworten, auf die sie von selbst nicht kommen würden. Man muss daher mehr fragen als antworten, das funktioniert.

Das funktioniert auch bei mir. Es war und ist nicht immer leicht. Und ob es funktioniert, erweist sich erst, wenn es darauf ankommt. Ein Pfarrer ist auch ein Mensch, ein gläubiger Mensch. Aber es ist nun einmal sein Schicksal, in eine Vorbildfunktion gepresst zu werden, Zielscheibe zu sein für allerlei Projektionen und ein bevorzugter Gegenstand des Klatsches. Bei privaten Problemen oder, in meinem Fall, bei Schwierigkeiten auf der Beziehungsebene kann das unbarmherzige Ausmasse annehmen. Besonders das Gefühl «jeder denkt sich was, aber keiner sagt was» ist beklemmend. Sich zu verhärten, bringt nichts. Damit kann man allenfalls standhalten, aber nicht als Pfarrer funktionieren. Die Seele des anderen wird unerreichbar, wenn die eigene verhärtet ist. Gott mag es dann geben oder nicht, in schwierigen Zeiten jedenfalls hat er mehr als einmal auf meiner Schwelle gestanden, manchmal mit einem Blumenstrauss, manchmal mit einer Karte im Briefkasten, manchmal um zu fragen, ob's einen Kaffee gebe. Wenn ich je empfunden habe, was ich in diesem Buch «erwachsene Abhängigkeit» genannt habe, dann damals.

Wenn ich abends im Bett das Band des abgelaufenen Tages zurückspule, muss ich oft an die Geschichte in Exodus 33 denken, wo Mose Gott «von hinten» sehen darf. Und fast immer kann ich bestätigen: Ja, so war es heute auch. Da war kein Moment, da ich hätte sagen können: «Hier ist Gott», aber er war da. Und wenn ich morgens erwache, dann rechne ich schon ein bisschen damit, dass es heute wieder so sein wird. Das geschieht zwar nicht jeden Tag, aber oft genug, um darauf zu vertrauen, um daran zu glauben. Wie könnte ich sonst ohne «Gepäck» ein Krankenhaus oder ein Haus, in dem jemand stirbt, betreten? «Geh, und ich gehe mit dir.»

Die Arbeit in der Gemeinde war für mich immer eine Freude, und sie ist es geblieben. «Von innen her zu rütteln» an der Sprache, den Ritualen, den nie hinterfragten Selbstverständlichkeiten, das liegt mir. Manche betrachten das als destruktiv und sind ausgezogen. Für sie war das der letzte Schubs. Das ist traurig, aber vielleicht sinnvoll, insofern es ihnen geholfen hat, einen klaren Schlussstrich zu ziehen.

Ein grosser Teil meiner «Zielgruppe» besteht – salopp gesprochen – aus «Überläufern»: Menschen aus anderen Kirchen, die dort, wo sie herkommen, nichts mehr befriedigt. Das ist es aber auch, was mir Sorgen macht im Blick auf die Zukunft: Diese Gruppe droht auszusterben, denn es rückt keine neue Generation nach. Die Kinder der meisten Kirchgänger gehen nicht mehr in die Kirche. In all den Jahren habe ich selten nichtkirchliche Leute in die Kirche kommen sehen, einfach weil sie einmal aus Interesse einen Blick in die Kirche werfen wollten. Das ist manchmal recht frustrierend: Überall suchen Menschen nach Sinn, bloss nicht in den Kirchen. Aber ich gebe ihnen nicht unrecht. Eine viel zu früh verstorbene, liebe Frau aus der Gemeinde fragte mich kurz vor ihrem Tod: «Wenn du nicht Pfarrer wärst, würdest du dann in die Kirche gehen?» Weil ich das auch schon einmal in meiner Gemeinde erzählt habe, ohne meine Antwort auszuplaudern, tue ich es jetzt auch hier nicht. Aber ich habe nicht ja gesagt. Mit wechselndem Erfolg versuche ich meiner Überzeugung Ausdruck zu geben, dass die Kirche, wenn sie sich nicht ändert, ihre Pforten schliessen kann. Ich fühle mich dabei oft wie ein Rufer in der Wüste. Aber ich gebe nicht auf. Es kann anders sein, und ich sehe es vor mir: die Kirche als Ort, wo Sinnsucher etwas zu suchen haben. Dass das ein Traum ist, dessen Verwirklichung ich vermutlich nicht mehr erleben werde, hindert mich nicht daran, weiter darauf hinzuarbeiten. Denn ich glaube daran.

Über Gott sprechen – Einbildung

«Alles Reden über das, was oben ist, kommt von unten.»[2]

Über Gott zu sprechen ist die Aufgabe der Theologie, der Lehre *(logos)* von Gott *(theos)*. Sie fängt denn auch bei Gott an. Das ist zugleich ihre Fallgrube: Wenn man nämlich oben beginnt, dann kann man nicht sicher sein, auch unten anzukommen, und läuft Gefahr, hängen zu bleiben in einer für Menschen unverständlichen Sprache. Und fast alle Theologie – die heutige nicht ausgenommen – fällt in diese Grube, weil sie immer voraussetzt, dass es Gott gibt.

Die Theologie arbeitet mit sogenannten Gottesbegriffen. Das sind Versuche, in Begriffen einzufangen, wer oder was Gott ist. Diesem Unterfangen verdanken wir Ausdrücke wie «allgegenwärtig», «ewig», «allmächtig» und «ungeschaffen». Das sind Abstraktionen, die losgelöst wurden von den ursprünglichen Erfahrungen und aus denen überdies jedes Gefühl verschwunden ist. Man führe sich zum Vergleich einmal vor Augen, wie Gott in den alten biblischen Geschichten genannt wird: Getreuer, Starker, Befreier, Schild, Fels. Da spürt man noch die Verbindung zur ursprünglichen Erfahrung. Darum können die Theologen über den Ewigen und den Allmächtigen so viel erzählen, wie sie wollen, es wird dadurch kein Mensch in seinem Herzen berührt werden. Anders gesagt: Da kann es um alles gehen – ausser um Gott. Ich möchte deshalb umgekehrt vorgehen: unten beginnen und unten bleiben. Nicht bei Gott beginnen also, sondern bei dir und mir, beim Leben und den Erfahrungen ganz gewöhnlicher Menschen, und schauen, ob man von diesen Menschen her zu Gott kommt.

---

[2]   Harry Kuitert.

Negative Theologie

Das ist auch der Standpunkt der «negativen Theologie», die davon ausgeht, dass Gott nicht in Begriffe zu fassen ist. Alle unsere Begriffe betreffen Dinge, die wir kennen, die wir sehen und fühlen, Gott aber ist in diesem Sinn unfassbar, unbekannt und zu anders, um mit Worten definiert zu werden. Darum ist es besser, nur davon zu sprechen, was Gott *nicht* ist. Von der Bibel her kann man dazu manches sagen. Die alten Geschichten, von denen die meisten viele Jahrhunderte nach den Ereignissen, von denen sie erzählen, geschrieben wurden, zeugen von einer langen, vielfach überprüften Gotteserfahrung. Sie zeigen, dass Menschen nie wissen, worum es geht, wenn sie unterwegs sind, hinterher aber entdecken, worum es ging. Das erfährt auch jeder, der in seiner eigenen Biographie blättert: Allmählich entdeckt man, worum es damals gegangen ist, aber man weiss nie, worum es jetzt geht. Und unterwegs wird einem auch klar, dass man über Gott eigentlich nichts sagen kann. Man denke an die Zehn Gebote: «Du sollst dir kein geschnitztes Bild machen noch irgendeine Darstellung, du sollst den Namen Gottes nicht missbrauchen» und so fort. Alle diese «Gebote» – sprich: alle diese verarbeiteten und in Worte gefassten Erfahrungen – haben das gleiche Ziel: Menschen zu befreien von der Idee, man könne Gott mit menschlichen Begriffen einfangen.

Eine kleine Übung in negativer Theologie könnte für jeden nützlich sein als eine Art TÜV-Prüfung des eigenen Gottesbildes. Man nehme das eigene Gottesbild und befreie es von allen Wörtern, denen die Idee eines Schöpfers oder eines höchsten Wesens anhaftet wie zum Beispiel «Urquell des Seins», von allen Termini, die sich Theologen ausgedacht haben, um Gott zu definieren, wie zum Beispiel «der Allgegenwärtige», von allen Ausdrücken, die mit einem «ist» verbunden sind, durch das Gott fixiert und unbeweglich gemacht wird, von allem, wovon der Verstand dir sagt, dass es nicht wirklich taugt, wie zum Beispiel, dass Gott mit «etwas Höherem» zu tun hat, von allem, was einzig und allein mit Gott und nicht mit Erfahrungen von Menschen zu tun hat. Es könnte sehr wohl sein, dass das, was du am Ende von Gott übrig hast, mehr ist als das, womit du begonnen hast.

Damit unterschreibe ich nicht, was gelegentlich der negativen Theologie entnommen wird: dass man desto mehr von Gott wisse, je weniger man von ihm weiss. Ich würde eher sagen: Je mehr man weiss, was Gott nicht ist, desto weniger steht einem auf dem Weg zu Gott im Weg. Diese Feststellung stimmt dann auch überein mit deiner und meiner Erfahrung. Denn überleg dir mal: Erst wenn du wirklich zu versinken drohst, kann sich erweisen, dass da noch ein Boden unter dir ist. Erst wenn du akzeptierst, dass du grundsätzlich nichts für einen anderen tun kannst, kannst du vielleicht etwas für ihn tun. Erst wenn du akzeptierst, dass du an einem Sterbebett nichts zu sagen hast, kannst du vielleicht etwas bedeuten.

Bist du dann auf dem Weg zu Gott? Und ob!

Der «Etwasismus»

An einem Frühlingsmorgen (…) sagte die Wespe: «Ich hab nicht zu klagen, überhaupt nicht. Darum geht es nicht. Aber etwas stört mich.» *«Was denn?», fragte der Käfer. «Ich weiss es nicht», sagte die Wespe. «Ich denke ständig darüber nach, und ich weiss, dass es etwas ist. Aber ich weiss nicht was.» «Ich weiss es auch nicht», sagte der Käfer.*[3]

Der sogenannte «Etwasismus» (ich kam darauf schon früher zu sprechen[4]) ist als eine zeitgenössische Variante der negativen Theologie zu verstehen: Gott wird da nicht einmal mehr Gott genannt, sondern «etwas». Indem ich das so sage, werde ich nicht allen Etwasisten gerecht. Doch ich habe vor allem die grosse Zahl derer, die aus der Kirche ausgetreten sind, im Auge, die weg wollen von einem unglaubwürdigen Gott, aber nicht von ihrem Glauben. Sie sagen «etwas» für das, was sie früher «Gott» nannten.

Über den «Etwasismus» wird viel diskutiert. Er wird mehr kritisiert (als Halbheit, Lauheit, intellektuelle Faulheit, Gefühlsduselei, heidnischer Sauerteig) als ernstgenommen. Fragen werden dabei kaum gestellt,

---

[3]   Toon Tellegen, Misschien wisten zij alles (Vielleicht wussten sie alles), Amsterdam 1999 (5., erweiterte Auflage), 166.

[4]   In Kapitel 1 unter «Agnostiker und Etwasisten».

zum Beispiel: Warum nennen sich die Etwasisten nicht Nihilisten oder Atheisten, was ist eigentlich der Unterschied zwischen dem, was Etwasisten «etwas» und andere «Gott» nennen, worin unterscheiden sich Etwasisten von Kirchgängern, die mit Gott als einem «jemand» nicht mehr zurechtkommen, und was wäre denn für diese Leute die Alternative: «niemand» oder «nichts»?

In den Kirchenleitungen regt man sich darüber nicht auf. Befragt zu einer Untersuchung, aus der hervorging, dass vierzig Prozent der Niederländer sich als Etwasisten bezeichnen,[5] meinte Kardinal Simonis: «Damit darf sich unser Herrgott nun begnügen, dass er auf ‹etwas› reduziert ist.» Und der Synodenvorstand der PKN[6] liess verlauten: «Die Leute werden schliesslich doch wieder Geborgenheit suchen.»[7] Ja, das werden sie. Aber wo? In der Kirche?

Auf diese Weise bekommen diejenigen, die aus der Kirche austreten, noch einmal eins an Bein, was vermutlich nicht beabsichtigt war, für sie aber darum nicht minder schmerzlich ist. Denn niemand tritt einfach so aus der Kirche aus, da sind doch Zweifel und Kämpfe vorausgegangen. Und die verschwinden nicht, nachdem der Schritt vollzogen ist: Die Fragen, auf die die Ausgetretenen keine Antwort bekamen, sind noch immer da. Darum nennen sie sich auch nicht Nihilisten. Und man täte besser daran, ihre Fragen als Aufforderung oder als Herausforderung an die Adresse der Kirche zu verstehen: Wenn Gott nicht jemand ist, was ist er dann? Kommt ihm dann «etwas» vielleicht näher als «niemand»?

Vielleicht darf ich noch einmal daran erinnern, wie alles begonnen hat: als «etwas», von dem Menschen erfahren haben, dass es mit ihnen zog. Dieses «Etwas» erhielt den Namen Gott, und das wurde dann in der

5   Veröffentlicht in der *Trouw* vom 21. Oktober 2004.
6   Protestantse Kerk in Nederland («Protestantische Kirche der Niederlande»): Zusammenschluss (1. Mai 2004) der Nederlandse Hervormde Kerk («Niederländisch-reformierte Kirche»), der Gereformeerde Kerken in Nederland («Reformierte Kirche in den Niederlanden») und der Evangelisch-Lutherse Kerk in het Koninkrijk der Nederlanden («Evangelisch-Lutherische Kirche im Königreich der Niederlande»).
7   *Trouw*, 24. Oktober 2004.

Folge mit so viel Heidnischem und Allmächtigem überklebt, dass von dem «etwas» fast nichts mehr übrigblieb. Während der letzten Jahrhunderte ist zwar das meiste von dieser Tapete wieder abgeblättert und deutlich geworden, dass niemand dahinter sitzt. Aber, und darin muss man den Etwasisten recht geben: Niemand ist nicht gleich nichts.

Ich betrachte die Etwasisten als Bundesgenossen. Ich teile ihre Abkehr von der verhärteten kirchlichen Sprache und fühle mich ihnen verwandt in ihrer Suche nach «etwas», was mit ihnen zieht und ihrem Leben Ausrichtung und Hoffnung gibt.

Sprechen in Bildern

Gott wird Gott, wenn Geschöpfe Gott sagen.[8]

Bis jetzt habe ich ständig davon gesprochen, wie man meines Erachtens nicht von Gott sprechen soll und warum man so nicht von ihm sprechen soll. Aber gibt es auch eine positive, affirmative Art, von Gott zu sprechen? Gewiss, aber ich schicke gleich voraus, dass es leichter ist von einem Gott zu sprechen, den es gibt, als von einem, den es nicht gibt. Es ist in letzterem Fall nur dann möglich, wenn man von der Überzeugung ausgeht, dass Gott ein Wort ist, das auf nicht in Worte zu fassende, nicht mitteilbare menschliche Erfahrungen verweist.

Dass es Dinge gibt, die sich nicht in Worte fassen lassen, weiss jeder: Wenn man die schrecklichsten Momente seines Lebens beschreiben müsste, dann reichte die Sprache nicht aus. Menschen, die aus einem Konzentrationslager zurückgekehrt sind oder Opfer von Inzest waren, können nicht mit Worten beschreiben, was sie durchgemacht haben. Und das Gleiche gilt auch für schöne Erfahrungen: *«Er zijn geen woorden meer voor wat ik voel, ik heb geen woorden meer voor jou.»* (Es gibt keine Worte mehr für das, was ich fühle, ich hab keine Worte mehr für dich.)[9]

[8]   Meister Eckhart, mittelalterlicher Mystiker.
[9]   Aus: Jazzpolitie, Liefdesliedjes («Liebeslieder») (1993).

Diese Unsagbarkeit schliesst das Reden darüber nicht aus, beschränkt es aber auf ein im besten Fall annäherndes Verweisen. Wenn jemand «Gott» sagt, dann verweist er damit auf etwas, was *er* «Gott» nennt. Das ist, wie bereits gesagt, nicht unbedingt das Gleiche, was ich meine, wenn *ich* «Gott» sage. Mit anderen Worten: Wer «Gott» sagt, gebraucht ein bekanntes Wort, das für jeden etwas anderes bedeutet, von dem also niemand weiss, was es bedeutet. Sinnvoll von Gott sprechen kann man deshalb nur in der 1. Person Singular: mein Gott. Und überdies kann ich auch nicht sagen, wer, was oder wie mein Gott ist. Ich kann nur sagen, wie ich meinen Gott erfahren habe. Gott liegt, um es so zu sagen, ausserhalb des Bereiches unserer gemeinsamen Sprache.

Die Grenzen meiner Sprache bedeuten die Grenzen meiner Welt.[10]

Doch etwas anderes haben wir nicht; es gibt keine besondere Gottessprache. Wir haben nur unsere alltägliche Haus-Garten-und-Küchensprache. Und das ist die einzige Sprache, mit der man von Gott sprechen kann,[11] die Sprache, in der übrigens auch die Bibel geschrieben ist. Natürlich, die biblischen Autoren hatten andere Häuser und Gärten und Küchen, ihr Lebensgefühl war ein anderes, aber der «Mechanismus» war der gleiche: Sie redeten in ihrer Alltagssprache über etwas, wofür sie eigentlich keine Worte hatten. Sie taten, was wir tun, und das nennt man «symbolisch» über Gott reden.

Schlichter gesagt: mit bekannten Worten über etwas Unbekanntes reden. Alles, was wir von Gott sagen, sagen wir mit den gleichen Worten, die wir gebrauchen, um über ganz gewöhnliche irdische Sachen zu reden. Wir sprechen mit den gleichen Worten von Bekanntem und Unbekanntem.

---

[10]   Ludwig Wittgenstein, Tractatus logico-philosophicus, 5.6.
[11]   Dabei lasse ich die Theologie ausser Betracht. In Kapitel 1 habe ich ausführlich dargelegt, wie Theologie und Kirche mit ihrem eigenen abstrakten «höchsten Wesen» von der ursprünglichen biblischen Spur abgekommen sind.

Das scheint schwieriger zu sein, als es ist. Im Grunde genommen geht es um etwas ganz Alltägliches: Wenn jemand sagt, «Gott ist Liebe», macht er genau das. Er gebraucht das einzige Material, das er hat – seine Erfahrungen mit der Liebe –, um zu sagen, dass das, was er Liebe nennt, im vollkommensten Sinn auf Gott zutrifft.

Ich weiss, «Gott ist Liebe», das wird sehr oft gesagt, aber – ich will mich ja darüber nicht lustig machen – bei Lichte betrachtet ist das eine leere Worthülse. Denn ohne Menschen ist Liebe ganz und gar nichts. Also sagt man, wenn man sagt «Gott ist Liebe», eigentlich «Gott ist nichts». Aber das meint man ja nicht, denn man versucht mithilfe des Wortes «Gott» etwas wiederzugeben, was man *wie* Liebe erfahren hat.

Eben: «wie». Das ist das Wort, das fehlte. Wenn wir sagen, «Gott ist wie Liebe», dann wird «Liebe» nicht gebraucht als ein Wort, das etwas über Gott aussagt, sondern als ein Bild, das auf Gott verweist. Und das ist, was die biblischen Autoren in ihrer Zeit taten: Sie verwiesen mit bekannten Bildern («Hirt», «König», «Vater» …) auf den unbekannten Gott. So wird Gott auch mitteilbar. Wenn ich sage: «Gott ist wie ein Hirt», dann weiss ich, was ich meine, denn ich weiss, was ein Hirt ist.

Diese Bilder sind nicht einfach aus der Luft gegriffen. Sie sind im wörtlichen Sinn «aus dem Leben gegriffen», um wiederzugeben, was Menschen im Leben erfahren haben. Sie werden gleichsam «gefüllt» mit den Erfahrungen, auf die sie verweisen, und wollen nicht wörtlich verstanden werden. Das tut man ja auch nicht, wenn einer sagt, er habe «eine Kröte im Hals».

Wenn ich in meiner Begeisterung das Wörtchen «wie» vergesse und zu dir sage, dass du ein Engel bist und dass ich alles für dich hergebe, dann läufst du auch nicht mit mir zum Notar. Ohne das Wörtchen «wie» ist das Bild losgelöst von der Erfahrung, die dahintersteht. Mit dem «Engel» kann man nicht viel Schaden anrichten, weil niemandem in den Sinn kommt, das wörtlich zu nehmen. Wenn es aber um Gott geht, wird die Sache gravierender, denn da neigen viele dazu, das Bild wörtlich zu nehmen und so aus einem Gott, der erfahren wird, einen Gott zu machen, den es gibt. Eine Sackgasse!

Mithilfe von Bildern haben Menschen Erfahrungen gedeutet, einander weitergegeben, miteinander geteilt und schliesslich aufgeschrieben. So ist die Bibel entstanden: ein Buch über Glaubenserfahrungen von Menschen, geschrieben in bildlicher Sprache. Alles «Einbildung», in der Tat.

... und anders als im Gleichnis redete er nicht zu ihnen.[12]

«Aller Glaube kommt aus der Einbildung», sagt Harry Kuitert. Man war ihm nicht überall restlos dankbar für diesen Ausspruch. Ich verstehe eigentlich nicht, wie man damit nicht einverstanden sein kann. Jeder, der irgendwann einmal von Gott gehört hat, hat doch auf die eine oder andere Art ein «Gottesbild», eine «mentale Vorstellung» von Gott. Ob man glaubt oder nicht glaubt, dass es Gott gibt, spielt dabei keine Rolle. Für einen, der glaubt, dass es Gott gibt, ist die menschliche Einbildungskraft eine Möglichkeit, die göttliche Wirklichkeit zu erfassen, man «macht sich ein Bild» von dem Gott, den es gibt. Für einen, der nicht glaubt, dass es Gott gibt, ist die Einbildungskraft eine Möglichkeit, Gott zu erschaffen. Gott ist dann ein Gegenstand der menschlichen Einbildungskraft. In beiden Fällen ist die Einbildungskraft eine Möglichkeit, sich unter Gott etwas vorzustellen und von ihm zu sprechen.

Wir können nicht anders. Mit Unbekanntem können wir nur mittels Bildern umgehen: Wir projizieren unsere eigenen Gedanken und Gefühle über Gott auf eine leere Leinwand, und das nennen wird dann Gott.

Und wir tun nichts anderes: Einen Film anschauen, träumen, uns verlieben. Lauter Projektionen. Wenn ich sage, dass du ein weiser Mensch bist, dann projiziere ich meine Idee von Weisheit auf dich. Und das mache nicht einfach ich, etwas in dir ruft meine Projektion von Weisheit hervor.

Ist das bei Gott auch so? Projiziert man einfach aufs Geratewohl irgendetwas auf Gott, oder gibt es etwas «von Gott Kommendes», das uns zur Projektion aufruft? Ich habe irgendwo gelesen, «dass wir aufgrund unserer Projektionsmechanismen schliessen müssen, dass wir auf Gott hin geschaffen sind, dass Gott jemand ist, den wir uns machen aus unseren

---

[12] Matthäus 13,34.

Wünschen und Sehnsüchten, eben weil er selbst uns so gemacht hat». Das muss dann am sechsten Tag gewesen sein. Ich vermute, dass Gott an diesem Tag auch den Zirkelschluss erschaffen hat.

Das ist wahrscheinlich der einzige Ausweg für einen, der glaubt, dass es Gott gibt. Glauben, dass es Gott gibt, ist ja eigentlich an sich schon ein Zirkelschluss, denn der Einzige, der garantieren kann, dass dein Bild von einem Gott, den es gibt, stimmt, ist Gott selbst. Aber der ist nicht bekannt und wird daher mit an Sicherheit grenzender Wahrscheinlichkeit dem Bild, das du von ihm hast, nicht entsprechen. Darum wird es wohl in den Zehn Geboten heissen: «Du sollst dir von mir kein Bild machen.» Es stimmt eben nicht: Dein Gottesbild ist nicht Gott, dein Bild ist nicht Wirklichkeit.

Diese Erkenntnis hätte viel Blutvergiessen verhindern können. Fast täglich sehen wir, was geschieht, wenn Gottesbilder für Wirklichkeit gehalten werden: Selbstmordattentäter, die meinen, mit ihrer Tat ins Paradies zu kommen. So war es zu allen Zeiten: Auch die Kreuzritter mordeten und starben in der Hoffnung auf eine himmlische Belohnung. «Du sollst dir von mir kein Bild machen.» Nein, mach das bloss nicht, es könnte blutig ausgehen. Ein paar Gebote später wird daran noch einmal erinnert: «Du sollst nicht töten.»

Der Finger zeigt auf den Mond, und wehe dem, der den Finger verwechselt mit dem Mond.[13]

Man kann also schon der Meinung sein, dass unsere Projektionen durch Gott hervorgerufen werden, aber das muss man erst einmal voraussetzen.

Der Schriftsteller und Dichter Willem Jan Otten sagte einmal: «Die Religion schafft keine andere Wirklichkeit, aber sie geht aus von einer jenseitigen Wirklichkeit, über die wir uns nur durch die Umsetzung in Bilder ins Bild setzen können.»[14] Er nimmt an, dass es eine andere Wirklichkeit gibt. In der Sprache der Theologen heisst das «der Sprung in den Glau-

---

[13] Alter Zen-Spruch.
[14] *VolZin*, 20. Juni 2003.

ben», in normaler Sprache ist das ein Sprung ins Ungewisse. (Das würde ich nicht sagen, wenn er von einer «erfahrenen» statt von einer vorausgesetzten anderen Wirklichkeit gesprochen hätte.)

Dass Atheisten da Kritik anbringen, ist begreiflich: Gläubige phantasieren, ihr Gott ist eine Illusion, Unsinn, alles nur Einbildung. Da ein Atheist selbst auch ein Bild hat von dem Gott, von dem er nicht glaubt, dass es ihn gibt, würde er Gottesbilder anderer besser nicht Unsinn nennen. Aber dass alles Einbildung ist, das stimmt schon. Und eben darum ist es kein Unsinn. Das Gegenteil ist der Fall: Wenn es keine Einbildung wäre, dann könnte es wirklich bloss Unsinn sein, denn Gott ist und bleibt unbekannt. Und was die Illusion betrifft: Was ist da eigentlich schlecht daran? Könnten wir darauf verzichten? Wie könnte man ohne Illusionen überhaupt eine Beziehung eingehen, umziehen oder Kinder in die Welt setzen?

Geht das Wort von Kuitert auch auf für einen Gläubigen, der nicht glaubt, dass es Gott gibt? Gewiss, doch die Frage, ob es eine Wirklichkeit gibt, der ein Bild entsprechen muss, spielt da keine Rolle – oder eine andere Rolle. Im vorangehenden Kapitel habe ich dargelegt, dass Glauben sich in der alltäglichen Wirklichkeit abspielt. In ihr kann eine andere Wirklichkeit aufleuchten, gewiss, aber die muss man auch in dieser Welt erfahren, denn es gibt keine andere. Wie bereits gesagt: Es geschieht etwas «Gewöhnliches», man erfährt es als etwas «Aussergewöhnliches» und gebraucht das Wort «Gott», um diese Erfahrung zu benennen. Auf die Frage, ob das Wort «Gott» auf irgendetwas verweist, gibt es darum im Voraus keine Antwort, denn das muss sich erst erweisen.

Wenn aber Glauben für dich nicht etwas ist, was losgelöst ist von dem, was du erlebt hast, wenn in deinem Leben Dinge geschehen sind, die du auf die eine oder andere Art in Verbindung gebracht hast mit Gott, dann kann von «Illusion» – im Sinne der Atheisten – keine Rede sein. Denn dann geht es bei deiner Einbildung um realisierbare Wünsche, um eine mögliche Wirklichkeit, von der du etwas gespürt hast und auf die du dich ausrichten willst, auf die du hoffen willst, an die du glauben willst und für die du dich von deinem Stuhl erhebst.

Subjektivismus? Ich weiss, die Kirche hält wahrscheinlich nicht viel davon, und für einmal gehen die Atheisten einig mit ihr, aber es geht nicht anders. Dein Gottesbild bildet sich aus deinen Erfahrungen, deiner Lebensgeschichte, deiner Erziehung, deinen Ängsten, deinen Hoffnungen und so fort. Darum ist es auch einzigartig, anders als alle anderen. Es ist ein Produkt deiner eigenen Einbildungskraft, mit der du eine Wirklichkeit schaffst, die niemand sonst betreten kann. Subjektivität ist deshalb kein Kriterium für die Bewertung: Wenn es für dich funktioniert, dann ist es Wirklichkeit, und das scheint mir wichtiger als die Frage, ob deine Projektion erst dann verlässlich ist, wenn da ein anderer ist – oder ein Gott –, der ihre Zuverlässigkeit garantiert. Du musst sie nicht objektiv machen wollen, denn dann machst du Gott zum Objekt und fällst wieder zurück in die Vorstellung von Gott als einem «Wesen». Und auf das Gebot: «Du sollst dir von mir kein Bild machen.» Nein, halte nur fest an deinem eigenen Bild.

Gott spricht – Bildsprache

Wenn in der Bibel von Gott gesprochen wird, geschieht das immer in Bildern. Auch wenn da steht, dass Gott selbst spricht, ist das ein Bild: Gott hat keine Stimmbänder; er spricht «sozusagen». In der Bibel kommen immer Menschen zu Wort, auch wenn Gott das Wort hat. Wenn es also heisst: «Gott sprach», dann darf das nicht verstanden werden als eine akustische Durchsage, sondern als Glaubensaussage eines biblischen Autors, der sich Gott vorstellte als jemanden, der spricht.

Es ist kaum denkbar, dass jemand sich vorstellt, Gott spreche, wenn er sich nicht angesprochen fühlt. «Gott sprach» bedeutet also, dass Menschen sich angesprochen fühlen können, ohne dass etwas gesagt wird. Das ist weder seltsam noch mirakulös, wir sagen ja selbst auch, dass ein Film oder ein Buch uns anspricht. Ein Buch sagt nichts, aber kann dir sehr wohl etwas zu sagen haben, «zu deiner Einbildung sprechen». Es muss nicht im wörtlichen Sinn mit dir gesprochen werden, damit du dich angesprochen fühlst. Wenn du sagst: «Das hat mich enorm angesprochen», hast du dann etwas gehört? Ja, aber nicht mit den Ohren. So ist es auch mit Gott: Gott hat nie etwas gesagt, aber durchaus gesprochen. Und die Menschen haben es gehört, aber nicht mit den Ohren.

Die Sache ist alltäglicher, als es scheint. Wir sagen manchmal, dass es «klickt» zwischen Menschen. Das ist ein Bild: Es klickt, wie wenn man mit einem Schlüssel ein Schloss öffnen würde. Doch die Menschen, zwischen denen es klickt, haben es vermutlich nicht klicken gehört. So gibt es auch keinen bestimmten Moment, da man sagen kann: «Jetzt höre ich die Stimme Gottes.» Aber man kann sehr wohl sagen, dass Gott «zu Wort kommt», wenn du dich durch irgendetwas berührt oder angesprochen fühlst.

Die Bibel ist darum auch nicht von vornherein «Gottes Wort», sondern ein Buch voller Menschenworte, durch die andere Menschen so berührt werden können, dass die Worte für sie «Gottes Wort» werden. Die Vorstellung, dass man im akustischen Sinn die Stimme Gottes hören könne, lebt vor allem in calvinistisch-pietistischen Kreisen *(zogenaamde bevindelijke stromingen)*, in denen ausserdem die Auffassung herrscht, dass es vor allem evangelische und reformierte Antennen sind, die diese Stimme des Allerhöchsten empfangen. Es ist dann die Rede von sogenannten Offenbarungen in der Bedeutung eines Einschlags von oben.

Offenbarung

Das Wort «Offenbarung» stiftet immer wieder Verwirrung. Da ist auf der einen Seite eine Kirche, die behauptet, dass ein Gott, der allmächtig ist, sich selbstverständlich offenbaren kann, da sind auf der andern Seite die Gläubigen, die natürlich nie etwas davon merken.

Das traditionelle Verständnis von Offenbarung setzt bei Gott an und läuft darauf hinaus, dass *top-down* auf einmal irgendetwas aus der Höhe bei den Menschen landet. Wer die Bibel wörtlich nimmt, findet diese Überzeugung bestätigt unter anderem in den Erzählungen über Gottes Offenbarungen an Mose und Jesaja und in einer kirchlichen Theologie, die auf der Schiene Karl Barths noch immer am «senkrecht von oben»[15] festhält. Aber wie ich bereits gezeigt habe, beruht diese Schützenhilfe auf einer falschen Interpretation mythologischer Erzählungen von einem heidnischen höchsten Wesen, das es gar nicht gibt und sich daher nie in diesem Sinn offenbart hat und auch nicht offenbaren wird. Drehen wir die Sache mal um und setzen nicht «oben», bei Gott, an, sondern hier unten bei den Menschen, die ihr Leben leben, wie's eben so kommt, und denen darum ab und zu etwas widerfährt, was alle Worte übersteigt. In Kapitel 2 habe ich beschrieben, wie deine Geschichte für mich zu einer Erfahrung

---

[15] Deutsch im Original; Karl Barth, Der Römerbrief (Zweite Fassung) 1922 (Karl Barth-Gesamtausgabe, Bd. 47), Zürich 2010, 103.

werden kann, sofern ich mich darin erkenne. Für mich ist das dann etwas, was mir die Augen öffnet, oder eben eine Offenbarung.

Wäre es dann besser zu sagen, Offenbarung fange bei den Menschen an? Nein, Offenbarung ist nicht etwas, das vom Menschen ausgeht, es braucht noch etwas mehr, es muss etwas von «jenseits» kommen. Ein Beispiel: Du schaust dir einen Film an, es geschieht etwas mit dir, du fühlst dich den Tränen nahe, du machst eine Erfahrung. Diese Erfahrung ist im Film nicht zu finden, die kommt aus dir. Aber ohne den Film hätte es die Erfahrung nicht gegeben, es kommt zuerst etwas von «jenseits». So wird man aus seiner eigenen kleinen Welt herausgeholt durch etwas, was man sich nicht selbst erdacht hat und was einen dies oder jenes in einem anderen Licht sehen lässt. Oder auch: dasselbe sehen lässt, aber anders.

Offenbarung beginnt also nicht bei den Menschen, sondern «entsteht» in Form einer Reaktion von Menschen auf etwas, was nicht von ihnen selbst kommt. Das erklärt auch, warum ohne deine Reaktion nichts passiert. Offenbarung und Erfahrung sind unauflöslich miteinander verbunden. Wenn Offenbarung sich nicht vollzieht an Menschen, die offen sind dafür, dann ist es keine Offenbarung.

Unser Hering, eine Offenbarung![16]

Ein schönes Bild: Wenn du ihn nicht probierst, verspürst du nichts davon. Wenn du ihn aber probiert hast, kannst du versuchen, mir zu sagen, wie er schmeckt und wie lecker er ist. Hör doch auf; ich mag gar keinen Hering.

Ein persönlicher Gott ist keine Person

Und der Mensch schuf Gott nach seinem Bild.[17]

Im ersten Kapitel der Bibel steht, dass Gott den Menschen schuf nach seinem Bild. Ich habe bereits angedeutet, dass das andersherum gelesen

---

[16]   «Onze haring, een openbaring»; gelesen über einem Fischladen.
[17]   Frei nach Genesis 1,27.

werden muss: Menschen haben sich Götter erschaffen. Dass sie das nach ihrem Bild getan haben, ist logisch: Menschen sind nun einmal Personen und haben daher gar keine andere Wahl, als sich Gott als Person vorzustellen. Früher geschah das noch und noch: Zeus, Wotan, Donar, Apollo, Neptun – *alles* Personen. Auch bei den Nachbarn des Volkes Israel sahen die Götter aus wie vergrösserte Menschen. Dass und warum sich die biblischen Autoren dieser üblichen Art der Darstellung von Göttern gefügt haben, das habe ich beschrieben im Bild des Gottes, der geschaffen und behängt wird mit Eigenschaften anderer Götter. Man muss schliesslich jemand sein, um mit anderen konkurrieren zu können. Das erklärt auch, warum die biblischen Autoren sagen: Gott spricht, Gott hört, Gott reut es, Gott ist eifersüchtig und so fort.

Die Kirche hat das später wörtlich verstanden, und so ist es gekommen, dass Menschen aufgewachsen sind mit einem Bild von Gott als Person. Für die meisten Erwachsenen ist Gott inzwischen nicht mehr so, wie er früher war, sie reden jetzt von einem Gott der Liebe oder der Güte oder der Mitmenschlichkeit oder was immer. Das ist zwar dasselbe, wie wenn sie sagen würden, dass es Gott nicht gibt, aber das ist dann doch für viele ein zu grosses Wagnis. Doch hier liegt für mich nicht das Problem.

Mir geht es um die Frage: Wie kann man wegkommen von Gott als einer Person und dennoch weiterhin von einem persönlichen Gott sprechen und an einen persönlichen Gott glauben? Leider sind unsere Worte so beladen mit ungewollten Assoziationen, dass es sehr schwierig ist darzulegen, wie man von «persönlich» sprechen kann, ohne dabei an eine Person zu denken. Da wird man bald einmal sehr abstrakt. Man versuche bloss einmal jemandem zu erklären, dass man an Gott als den unpersönlichen Grund des eigenen persönlichen Glaubens glaube. Viel Erfolg!

Und doch: Menschen sind Personen, und darum ist unsere Glaubenserfahrung persönlich und darum erleben wir Gott als einen persönlichen Gott. Also: Wie immer du an Gott glaubst, ob du an ihn als Liebe, Geist, kosmische Kraft oder was immer glaubst, es geschieht immer auf persönliche Art.

Im vorangegangenen Kapitel habe ich gesagt, dass Gott nie ohne Menschen geschieht und dass Glauben deshalb nie losgelöst ist von anderen

Personen. Anders gesagt: Wenn etwas zwischen Menschen geschieht, dann bekommt Gott im einen Menschen für den anderen Menschen ein persönliches Gesicht. Ich kann das nicht treffender illustrieren als mit der biblischen Geschichte von Jakob am Jabbok.[18] Aus der Dunkelheit taucht einer auf, der Jakob anfällt: ein Mann, ein Unbekannter. Sie kämpfen die ganze Nacht. Später sagt Jakob: «Ich habe Gott gesehen von Angesicht zu Angesicht», doch hat er ja nur einen Mann gesehen. Persönlicher geht es doch gar nicht mehr.

[18] Genesis 32.

Zu Gott sprechen – beten

Ich habe sie also erfunden, dachte er. (…) Einen Augenblick später hörte er seine eigene Erfindung zu ihm reden.[19]

Wenn Gott keine Person ist, hat es dann noch einen Sinn zu beten? Hiesse das dann nicht: «kommunizieren mit dem eigenen Gottesbild»? Ja, so kann man es nennen. Grob gesprochen: Du führst eigentlich ein Selbstgespräch. Thomése sagt es viel schöner: Es ist «Sprache, die zu Hause bleibt».[20]

Kann es denn etwas anderes sein? Gibt es denn eine Alternative? Ja: das Wort «beten» abschaffen.

Offen gesagt, es scheint mir ehrlicher, schlicht zuzugeben, dass man nicht beten kann zu einem Gott, den es nicht gibt. Es steht dir frei, dir schöne Namen auszudenken für das, was du ja ohne weiteres tun kannst, aber nenn es nicht «beten». Denn dieses Wort ist doch für jeden verbunden mit der Vorstellung, dass man in Kontakt tritt mit jemandem, das Wort richtet an jemanden – in der Hoffnung auf eine Reaktion.[21]

Laut dem, was ich zu hören und zu lesen bekomme, male ich das zu sehr in Schwarz-weiss. Auf meine Frage, wo ich es denn an Differenzierung fehlen lasse, höre ich meistens die Antwort, dass man Ausdrücke wie «Existenz Gottes» oder «Person Gottes» eben nicht wörtlich verstehen solle, sondern «metaphorisch», als eine Art Gleichnis. Gott hat also keine wirklichen Ohren, sondern Metaph-Ohren, mit denen er dein metaphorisches Gebet hört – metaphorisch gesprochen. Doch Spass beiseite, das

---

[19] Toon Tellegen, Bijna iederen kon omvallen (s. oben, 37, Anm. 17).

[20] P. F. Thomése, Schattenkind, Berlin 2004, 66.

[21] Laut Van Dale (Grosses Wörterbuch der niederländischen Sprache) bedeutet beten: Gemeinsam mit anderen oder allein sich an Gott, oder was man als göttlich verehrt, wenden, sei es, um zu loben, zu danken oder um Hilfe und Unterstützung zu bitten (vor allem Letzteres).

illustriert das Rückzugsgefecht der Theologen. Mit ihren Antworten ist niemandem geholfen, denn die Fragen bleiben ungelöst. Wenn Gott keine Person ist, was unterscheidet dann ein Gebet noch von einem Monolog? Kann man ein Geheimnis ansprechen, zu einem Mysterium beten, sich in Beziehung setzen zu einem unpersönlichen Gott, in Kontakt treten zu «etwas»? So oder so: Beten setzt voraus, dass es irgendwo einen Gott gibt, der Gebete von Menschen hört und darauf reagieren kann. Und diese Voraussetzung kann man annehmen oder abweisen. Schwarz-weiss eben.

Aber mit «abschaffen» komme ich nicht an. Meine Tochter schrieb mir: «Du glaubst nicht, dass es Gott gibt, und du gebrauchst trotzdem das Wort ‹Gott›. Dann kannst du doch, obwohl du nicht ans Beten glaubst, trotzdem auch das Wort ‹beten› gebrauchen.»²² Tja. Dazu kommt noch, dass kürzlich eine Untersuchung gezeigt hat, dass zwei von drei Niederländern beten. Angesichts dessen, dass nur ungefähr ein Viertel sich zu einer kirchlichen Gemeinschaft zählt, bedeutet das, dass offenbar für die Mehrheit aller Beter das Wort «beten» eine eigene, andere, jedenfalls nicht-kirchliche Bedeutung hat. Sie machen wahrscheinlich alle, was auch mir nur zu machen übrigbleibt: das Produkt verändern, aber die Verpackung behalten.

*Wenn ihr aber betet, sollt ihr nicht plappern wie die Heiden; sie meinen nämlich, sie werden ihrer vielen Worte wegen erhört.*²³

Die Kirche ist meiner Ansicht nach auch ein Ort der Besinnung und der Stille. Die Räume dafür wären da, aber ich suche nach anderen Formen und Inhalten. Ich gehe von Menschen aus, die sich nicht so sicher sind und die man in dieser ihrer Unsicherheit ernstnehmen muss. Das bedeutet in erster Linie, dass man keine Sprache sprechen soll, die nicht wörtlich aufgefasst werden kann. Also nicht: «Ich sag es jetzt mal so, aber unter uns wissen wir ja, dass man es nicht so auffassen muss.» Es wäre besser, man würde dieses «unter-uns»-Gefühl in Frage stellen, statt es zu hätscheln.

²² Rike Hendrikse, Juni 2007.
²³ Matthäus 6,7.

Dann würden die Aussenstehenden nicht ausgeschlossen, und die Prediger müssten nicht so tun als ob. Menschen, die nicht zurechtkommen mit der Frage, ob sie noch beten können, ist nicht geholfen mit jemandem, der seine eigenen Schwierigkeiten mit dem Beten verschweigt. Ein Gebet zu beginnen mit: «Lasset uns beten», heisst, von einem «uns» ausgehen, das es überhaupt nicht gibt. Es sind so viele Gottesbilder in der Kirche, als da Menschen sind.

Ich selbst beginne damit, dass ich vorschlage, still zu werden, und jedem Anwesenden Gelegenheit gebe, zu beten oder zu sich zu kommen oder sich zu besinnen oder wie immer er seine Art des Stillwerdens nennen will. Mit dieser Formulierung versuche ich für jeden Anwesenden verständlich zu sein, vom nichtkirchlichen Passanten bis zum treuen Gottesdienstbesucher, der nicht mehr beten kann wie früher, auf das Wort «beten» aber nicht verzichtet hat und auch nicht verzichten will.

Ich rede Gott nicht an, weil ich nicht mitschuldig sein will an der Zementierung der Idee, es gäbe so etwas wie einen Gott, an den ich – und das erst noch auch im Namen anderer – das Wort richten könnte, und ich rede ihn auf keinen Fall mit «du» an. An so einen Gott glaube ich selbst nicht, und das will ich auch nicht vortäuschen.

Als Pfarrer bestimme ich in hohem Mass Thema und Atmosphäre des Gottesdienstes. Diese will ich auch zum Ausdruck kommen lassen in den Worten, mit denen ich den Moment der Stille einleite und begleite und hinführe zu dem, was ich so vorsichtig wie möglich bezeichne als das, «was wir hier Gott nennen». Das ist nie Routine. Manchmal wird mir dabei geholfen durch Worte anderer, durch Fragen, Zitate oder längere Stille. Was ich versuche, ist wohl mehr oder weniger das, was man in traditioneller Sprache «sich aussprechen vor dem Angesicht Gottes» nennt. So nenne ich es allerdings nicht, denn mir geht es um das, was in den *Menschen* lebt; die Worte «bleiben zu Hause».

Fürbittegebet

Das gilt auch für die sogenannte Fürbitte, das Bitten für andere. In seiner traditionellen Form gehört es in die Nähe eines magischen Rituals:

Man ruft die Götter an und versucht, sie zu überreden, zum Beispiel einen Kranken zu heilen. Gott ist dann eine Art Automat, der in Gang kommt, wenn Menschen eine Münze einwerfen. Die zeitgenössischen Varianten der Fürbitte für Opfer von Katastrophen, die durch Menschen verursacht sind – Hunger, Armut oder Kindersterblichkeit –, sind oft unlauter und dienen als Beruhigungsmittel.

Fürbitten aber einfach abzuschaffen, hiesse das Kind mit dem Bad ausschütten, und mit dem Kind ist gemeint: das menschliche Bedürfnis, Gefühle zu «adressieren». Die Gefühle wollen irgendwo hin, nach aussen. Gott aber, wenn es ihn nicht gibt, ist keine Adresse. Deshalb versuche ich, die Gefühle (Dankbarkeit, Sorge, Machtlosigkeit) zu benennen, statt sie zu adressieren. Meistens genügt das schon, manchmal ist selbst das zu viel. In anderen Situationen habe ich gelernt, dass es nicht nötig ist, das Bedürfnis nach «Adressierung» zu befriedigen. Wenn irgendwo etwas wirklich Schlimmes passiert – ein plötzlicher Tod, ein grosses Leid – und Menschen sich verzweifelt fragen: «Warum? Warum, Gott?», dann erwarten sie nicht einmal von mir, «dem Diener des göttlichen Wortes», eine Antwort. Sie stellen gar keine Frage. Sie adressieren ihren Notschrei auf die gleiche Weise wie einer, der nach seiner Mutter ruft in einer Situation, in der es ganz ausgeschlossen ist, dass sie erscheint.

Ich kann euch nicht lehren, mit Worten zu beten.
Gott hört nicht auf deine Worte, es sei denn, er spricht sie selbst durch eure Lippen aus.[24]

«Erhörung»

Auch jemand, der nicht glaubt, dass es Gott gibt, aber doch an Gott glaubt, kann «beten», ohne seiner Überzeugung untreu zu werden. Unter der sogenannten Kraft des Gebets verstehe ich: dass da etwas geschieht mit dem Menschen, was nicht ohne Folgen ist für das, was danach zwischen den Menschen geschieht.

---

[24] Kahlil Gibran, Der Prophet, München [8]2011, 69.

In dieser Sphäre suche ich «Erhörung»: Fragen bleiben Fragen, sie werden nicht delegiert. Sie bleiben da oder kehren dorthin zurück, von wo sie gekommen sind: zu dir und zu mir. Zum Beispiel: Die Bereitschaft, sich auszusprechen und sich damit der Kritik zu stellen, stellt sich wieder ein und bleibt, wenn es gut geht, nicht ohne Folgen. Keine Erhörung also ohne eigene Beteiligung.

Auf diese Weise kann Beten einen verändern, so wird nicht einfach bei Gott deponiert, was Sache der Menschen ist. Wenn jemand unheilbar krank ist, kann man die Hoffnung aussprechen, dass er die Kraft habe, auf menschenwürdige Weise zu tragen, was er durchmachen muss, dass er daran nicht zerbreche und dass er Menschen um sich herum habe, die ihm treu und nahe sind und dass deren Ohnmacht sich wende ... Wenn man das von ganzem Herzen sagen kann, dann wird man diesem Kranken auch tatsächlich nahe sein wollen. Dann bleibt das «Gebet» nicht folgenlos, sondern wird erhört.

«Unservater»

Wenn ihr betet, so sprecht: Vater, Dein Name werde geheiligt. Dein Reich komme ...[25]

Das Unservater bete ich noch immer. Ich betrachte es als eine «kleine Büchse, die man nicht öffnen darf». Ich verändere kein Wort daran, ersetze es nicht durch eine alternative oder modernisierte Version, lasse es auch nicht singen. Ich gebe offen zu, dass das nicht konsequent ist, aber manchmal ist der Respekt eben wichtiger. Zu wissen, dass diese Worte jahrhundertelang gesprochen wurden von Menschen, die uns vorangegangen sind, dass sie noch stets erklingen werden, wenn wir nicht mehr da sind, und dass sie in unserer Zeit in allen Sprachen überall auf der Welt gesprochen werden, in guten und in schlechten Tagen, ist Grund genug, sie beizubehalten. Dazu kommt noch, dass fast jeder das Unservater kennt und dass es vielen Menschen lieb und teuer ist. Das bewegt mich immer wieder

---

[25] Lukas 11,2.

bei der Vorbereitung einer Beerdigung. Wenn ich frage, ob man bei dieser Gelegenheit das Unservater beten möchte, ist die Antwort fast immer Ja, auch in unkirchlichen Kreisen. Ich leite es jeweils ein mit: «Alles, was wir noch sagen könnten (und das sage ich im vollen Bewusstsein, dass in diesem Moment eigentlich überhaupt nichts mehr zu sagen ist) oder fragen könnten, fassen wir jetzt zusammen in den Worten des Unservater.» Und es bewegt mich auch immer wieder, dass fast jeder eingeht auf meine so offen wie möglich formulierte Aufforderung, es laut miteinander zu sprechen. Wo oder von wem sie es gelernt haben, weiss ich nicht, aber sie kennen es! Ich finde das wunderbar. Aber ... es bleibt inkonsequent.

Zum Schluss: Für «beten» gab es früher nicht einmal ein Wort. In den Zeiten des Alten Testamentes war «beten» das gleiche wie «leben», und das kam in verschiedenen Formen zum Ausdruck: flehen, fluchen, weinen, jubeln, schimpfen und so fort: also keine Aktivität ausserhalb des Gewohnten. Und gerade das wäre wahrscheinlich die Lösung: eine Lebensform, in der Beten inbegriffen ist. Eine Art betendes Leben, in dem sich das Alltägliche mit dem mischt, was dahintersteht. In meinem Fall findet relativ oft zwischen diesen beiden Ebenen ein Gespräch statt. Rede ich dann mit mir selbst? Natürlich. Und trotzdem: Ich rede zwar nicht zu oder mit Gott, aber ich fange das Gespräch so an: «Wenn mein Gott reden könnte, was wäre dann gesagt worden?» Meistens ist es dann so etwas wie: «Geh heute einmal diese Witwe besuchen, das stand doch schon vorige Woche in deiner Agenda», oder: «Bring deine Ungeschicklichkeit von gestern wieder in Ordnung». Wenn das gelingt, dann kann ich ohne Vorbehalt sagen: Danke, Gott, dass du heute da warst und dass es mir vergönnt war, dich gerade jetzt «von hinten zu sehen»[26]. In den meisten Fällen kommt keine Antwort. Manchmal bekomme ich ein Augenzwinkern. Dafür mache ich es ja.

---

[26] Siehe Exodus 33.

Gott und Tod

«Eichhörnchen, denkst du, dass wir einmal aufhören zu sein?»,
fragte eines Tages die Ameise.[27]

Die letzte Lebensfrage ist die Frage nach dem Tod. Für diese Frage gilt dasselbe wie für alle anderen Lebensfragen: Lebensantworten gibt es nicht, man kann die Frage bloss leben. Und wenn man nicht mehr lebt, gibt es keine Lebensfragen mehr, dann ist es vorbei. Tot ist tot. Von der Logik her ist dem nichts entgegenzusetzen. Das war auch immer und überall eine Binsenwahrheit. Bis die Religionen aufkamen. Wie das geschah und wie Religion und menschliche Sterblichkeit zusammenhängen, ist zur Genüge beschrieben worden. Ich beschränke mich hier auf das Christentum.

Der Tod ist eine «Spezialität des Christentums». Vor allem unter dem Einfluss des Apostels Paulus ist der Tod Jesu wichtiger geworden als sein Leben: Seine Auferstehung sollte beweisen, dass der Tod überwunden ist. Danach wurde jahrhundertelang das irdische Leben im Licht des «ewigen» Lebens gesehen. Unsterblichkeit, ewiger Verbleib im Paradies, war die grösste Belohnung, die das Christentum für den Gläubigen in petto hatte. Der Katechismus bezeugt das noch immer: «Wozu sind wir auf Erden? Um im Jenseits glücklich zu werden.» Erst 1966, als in den Niederlanden der neue katholische Katechismus *(De nieuwe katechismus)* eingeführt wurde, hiess es dann: «hier und im Jenseits». Und auch heute noch, in unserer überwiegend postchristlichen Gesellschaft, scheint der alte Unsterblichkeitstraum nicht ausgeträumt zu sein.

---

[27]   Toon Tellegen, Misschien wisten zij alles (s. oben, 142, Anm. 3), 360.

Aus einer neueren Untersuchung[28] geht hervor, dass nur etwa 30 Prozent der niederländischen Bevölkerung nicht an ein Leben nach dem Tod glauben, 40 Prozent glauben daran, der Rest ist sich nicht sicher. Das Ergebnis ist klar: Die Mehrheit der Leute zieht es vor, nicht tot zu sein. Laut der gleichen Untersuchung glauben 63 Prozent der Mitglieder der PKN an ein Leben nach dem Tod. In der Kirche ist es daher *not done* zu sagen, «tot ist tot». In der Praxis wird die Tür angelehnt gehalten.

Dazu dient besonders der Begriff «ewig». Er verdankt seine Popularität vor allem seiner Multifunktionalität. Er wird in Gebeten verwendet, um Gott anzusprechen, aber auch und vor allem um den Eindruck zu erwecken, dass wir zwar zeitliche Wesen sind, Gott aber immer und ewig ist, also auch nach unserem Tod noch da ist. Wir sind sterblich, Gott aber ist ewig. Dieser Gegensatz suggeriert, dass die Lebensdauer Gottes unendlich länger ist als die der Menschen. Doch das – und das weiss jeder Theologe – ist mit «ewig» nicht gemeint. Auch der Ausdruck «ewiges Leben» hat nichts zu tun mit einer unendlichen langen Zeit, sondern ist eine Qualifikation des Heute. Jesus sagt es wortwörtlich: «Wer mein Wort hört und dem glaubt, der mich gesandt hat, hat ewiges Leben und kommt nicht ins Gericht, sondern er ist hinübergegangen aus dem Tod in das Leben.»[29]

Um es kurz zu machen: Ich habe, ausser Harry Kuitert, noch keinen Theologen kennengelernt, der – ohne ein Hintertürchen offen zu lassen – behauptet hätte, nach dem Tod sei «alles aus».[30] Ich bin vollkommen einverstanden mit ihm und gehe sogar noch ein Schrittchen weiter. Kuitert hat mit seiner Auffassung von Glauben als Einbildung immer noch etwas zu bieten. «Gott befreit nicht vom Tod», sagt er, «aber Gott (als Einbildung) kann einem ‹hinein› helfen.» Kuitert verweist dabei auf Psalm 23 an einem Sterbebett: «Dasselbe bleibt dasselbe, sterben bleibt sterben, doch die Einbildung beruhigt den Sterbenden auf seiner letzten Fahrt; er

---

28 Die Zahlen beruhen auf dem 2006 vom Sociaal Cultureel Planbureau publizierten Rapport *Godsdienstige veranderingen in Nederland*.

29 Johannes 5,24.

30 *Over en uit* («Vorüber und aus»), hier übersetzt mit «alles aus», ist der Titel eines Kapitels in *Voor een tijd een plaats van God* von Harry Kuitert (s. oben, 125, Anm. 39).

bekommt Gesellschaft.»[31] Ich will da nicht widersprechen, aber ich kann mir nicht vorstellen, welch beruhigenden Effekt der 23. Psalm ausüben soll auf jemanden, der damit nicht (lebens-)lang vertraut war. Anders gesagt: Wenn das wirkt, dann nur bei Von-Haus-aus-Gläubigen. Kuitert schliesst damit seine Betrachtungen über den Tod. Ich gehe weiter, denn ich will mich auch verständigen mit sterblichen Atheisten, mit anderen Ausserkirchlichen und mit innerkirchlichen Zweiflern.

Klopfte man an die Gräber und fragte die Toten, ob sie wieder aufstehn wollten; sie würden mit den Köpfen schütteln.[32]

Ich schicke voraus, dass ich viele Menschen kenne, die davon überzeugt sind, dass mit dem Tod nicht alles vorbei ist. Einige von ihnen kenne ich gut genug, um zu wissen, dass diese Überzeugung nicht aus der Angst oder aus latenten christlichen Restbeständen hervorgegangen ist. Ich respektiere ihre Überzeugung, gönne ihnen diese auch von Herzen, kann sogar neidisch sein auf sie. Es verhält sich damit, was mich betrifft, gerade wie mit der Begabung zum Zeichnen: Man hat sie oder man hat sie nicht. Ich hab sie nicht, nach meiner Überzeugung ist der Tod das definitive Ende des Lebens. Alle Theorien über ein eventuelles Jenseits oder ein Leben nach dem Tod betrachte ich als Produkte des menschlichen Widerstandes gegen die Tatsache, dass wir, um es mit Psalm 49 zu sagen, «wie die Tiere vergehen werden». Dass es auf die eine oder andere Weise weitergehen soll, ist so schön, dass es nur ausgedacht sein kann von Menschen, die sich nicht vorstellen können, dass sie einmal nicht mehr sein werden.

Tot ist tot, Ende der Geschichte, jedenfalls: Ende meiner Lebensgeschichte. Dass ich «fortleben» werde in Geschichten von anderen, eine Überzeugung, die man theologisch mit einigem Geschick zu einem Auferstehungsglauben zurechtbiegen kann, ist eine andere Sache. Aber das

31   Harry Kuitert, Hetzelfde anders zien (s. oben, 111, Anm. 22), 125.
32   Irvin D. Yalom, Die Schopenhauerkur, München 2005, 423 (Arthur Schopenhauer, Die Welt als Wille und Vorstellung II, Ergänzungen zum 4. Buch, Kap. 41).

ändert nichts an der Tatsache, dass mit meinem Tod meine Existenz beendet ist.

Das Eichhörnchen wachte plötzlich mitten in der Nacht auf (...)
Was ist später?, dachte es.
Es hatte schon mal mit der Ameise darüber gesprochen, aber die hatte
bloss mit den Schultern gezuckt und gesagt, dass sie noch nie von später
gehört habe und dass es deshalb wohl nichts sein könne.[33]

Und dann höre ich die Frage: Das kannst du ja denken oder sagen, aber kannst du dann Pfarrer sein? Was hast du einem Sterbenden oder bei einer Abdankung zu sagen?

Die Hypothese, von der der Fragende ausgeht, ist mir zu einfach: als ob ein Christ, und ganz gewiss ein Pfarrer, selbstverständlich glaubte, dass es noch etwas gibt nach dem Tod.

An früherer Stelle habe ich unterschieden zwischen dem Substantiv «Glaube» und dem Verb «glauben». Die genannte Hypothese befindet sich auf dem Niveau des Substantivs, d.h. sie geht mehr oder weniger davon aus, dass das Glaubensleben eines Pfarrers sich innerhalb des schmalen Spektrums vollzieht, das die kirchliche Doktrin zulässt. Und Letztere ist – wie ich schon früher bemerkt habe – hoffnungslos veraltet. Nach dem Buchstaben soll ein Pfarrer «glauben» und verkündigen, «dass wir nach unserem Tod unsterblich werden». Und dass wir, «wenn die vom Herrn bestimmte Zeit erfüllt ist, vor dem Richter erscheinen werden, entweder um im ewigen Feuer gepeinigt zu werden oder um in die vollkommene Seligkeit einzugehen und mit Ehre und Herrlichkeit gekrönt zu werden». Selbst in verdünnter Form brächte ich das nicht über die Lippen.

Aber damit sind wir abgekommen von der Frage, ob man anständiger-weise – und das heisst: ohne die persönliche Integrität des anderen anzutas-ten – bestimmte Erwartungen an das Glaubensleben eines anderen Men-schen herantragen darf. Und es gibt auch so etwas wie eine theologische Integrität. Die kirchliche Doktrin steht nicht selten in einem gespannten

---

[33] Toon Tellegen, Misschien wisten zij alles (s. oben, 142, Anm. 3), 61.

Verhältnis zur Bibel, sicher dort, wo es um den Tod geht. Als Theologe betrachte ich es als meine Aufgabe, diese Spannungen zur Sprache zu bringen. Und als Pfarrer finde ich, dass ich das in meinen Gemeinden bekanntmachen muss. Dabei kommt dann meistens etwas anderes heraus als die vorausgesetzte Selbstverständlichkeit, dass es noch etwas gibt nach dem Tod. Die finde ich in der Bibel nicht. Man schaue nach.

Da wird anders über Leben und Tod gesprochen, als wir es gewöhnlich tun. Der «Tod» kommt in der Bibel[34] nicht erst «später» vor, sondern ist im eigenen Leben stets gegenwärtig. Man denke bloss an die Wüstenwanderung: von Ägypten (dem Land des Todes) nach Kanaan (das Gelobte Land), vom Sklavenhaus in die Freiheit. So auch im Neuen Testament: an den Weg ins Reich Gottes, vom Kreuz zur Auferstehung. Der Weg führt nicht vom Leben zum Tod, sondern vom Tod ins Leben. Gemäss der Bibel kann ein Mensch tot sein, obwohl er lebt. Das Wort «Tod» qualifiziert eine Art zu leben, die den Namen Leben nicht verdient: sitzen zu bleiben, wo man ist, das Leben nicht zu wagen.

Die Auffassungen im Alten Testament laufen kurz gesagt darauf hinaus, dass der Tod ganz selbstverständlich zum Leben gehört. Wer gerecht und gut gelebt hat, kann in Frieden sterben. Danach kommt man in die Scheol, in die Unterwelt, an einen Ort unter der Erde, wo alle Toten ohne Unterschied hinkommen: Sünder, Gerechte, Arme, Reiche, alle. Da gibt es keinen Kontakt mehr mit Gott, denn JHWH ist immer der Gott der Lebenden. Mit anderen Worten: Tot ist tot, Punkt.

Wer gern mehr wüsste über ein eventuelles Fortleben, muss nicht in der Bibel suchen, jedenfalls nicht im Alten Testament. Da wird gerade mit Nachdruck auf die Möglichkeit verwiesen – die meines Erachtens sehr tröstlich ist –, ein Leben lang an Gott zu glauben ohne die geringste Aussicht auf ein Jenseits. Man kann also durchaus den Tod als definitive Grenze des Lebens akzeptieren und zugleich an Gott glauben.

---

[34] Die folgenden Ausführungen zur Bibel enthalten Bemerkungen aus der Zeit, da ich ziemlich stark von Huub Oosterhuis (niederländischer Theologe und Dichter, *1933) profitiert habe. Wenn ich etwas nachlässig bin, was Quellenangaben betrifft, ist das nicht beabsichtigt.

Viele Ungläubige sind der Meinung, Religion sei aus der Angst
vor dem Tod und der Hoffnung auf ein ewiges Leben entstanden.
Der Glaube an JHWH ist nicht daraus entstanden.
Die Erzväter gingen ohne Illusionen ins Grab.[35]

Im Neuen Testament kommt der natürliche Tod nicht einmal vor. Dass wir sterblich sind, ist etwas so Selbstverständliches, dass es nicht der Rede wert ist. Von Jesus wird auch nirgends erzählt, dass er alte Leute aus dem Tod auferweckt habe. Sein Protest gegen den Tod richtet sich nicht gegen die Sterblichkeit, sondern gegen die Tödlichkeit oder gegen einen zu frühen, unwürdigen Tod.

Für Jesus selbst galt: Tot ist tot. Paulus, der älteste Zeuge, leugnet nirgends den Kreuzestod. Für ihn ist Jesus tot und begraben. Doch anstelle eines Punktes setzt Paulus ein Komma, denn danach kommt die «Auferstehung». Vom Toten wird nicht gesagt, dass er noch lebe. Die Kreuzigung wird nicht ungeschehen gemacht, Paulus verkündet den auferstandenen Christus als den gekreuzigten. Jesus war und blieb für ihn tot. Wenn er ihn «den Lebenden» nennt, dann nicht, um seinen Tod zu bestreiten, sondern um noch etwas hinzuzufügen. Und er würde nicht «der Auferstandene» genannt werden, wenn die Menschen nicht schon zu seinen Lebzeiten etwas in ihm gesehen hätten, was stärker war als der Tod. Ich erinnere noch einmal an das, was ich oben gesagt habe über «symbolisches Sprechen»: Die Autoren der Bibel gebrauchten die bekannten Worte der Alltagssprache, um Dinge zu beschreiben, die über das Alltägliche hinausführten. Das gilt auch für das Wort «Auferstehung». Es gab dieses Wort, lange bevor Jesus geboren wurde, und es wurde später gebraucht, um auszudrücken, was er für die Menschen bedeutete. Es wäre nicht auf ihn angewandt worden, wenn es nicht lange vorher schon zur Verfügung gestanden hätte, denn niemand hätte es verstanden. Was man noch später darunter verstand, nämlich dass Jesus nach seinem Tod wieder auf dieser

---

[35] Guus Kuijer, Hoe een klein rotgodje God vermoordde («Wie ein kleines Scheissgöttchen Gott ermordete»), Amsterdam 2006.

Erde herumgelaufen sei, das ist eine Geschichte, die selbst die Autoren der Bibel nicht begriffen hätten.

Alles in allem: Spekulationen über das, was einen Menschen nach dem Tod erwartet, finden keine Unterstützung in der Bibel. Aus biblischer Sicht muss das Leben nicht sinnlos sein, wenn – oder weil – es mit dem Tod endet. Ein gläubiges Leben hat offensichtlich kein anderes Ziel, als das Leben hier und jetzt lebbar zu machen und lebbar zu erhalten.

Im vorangehenden Kapitel habe ich gesagt, glauben sei eine Haltung dem Leben gegenüber, eine bestimmte Art zu leben, eine bestimmte Art des Umgangs mit der alltäglichen irdischen Existenz. Hier möchte ich dem noch beifügen, dass der Tod als Lebensfrage nicht für sich steht, sondern mit dieser alltäglichen, irdischen Existenz verquickt ist. Den Tod vor der Tür lassen bedeutet «nur zur Hälfte leben»; wer den Tod verdrängt, verdrängt auch das Leben.

Etty Hillesum schrieb in ihr Tagebuch: «Die Möglichkeit des Todes ist mir absolut gegenwärtig; mein Leben hat dadurch eine Erweiterung erfahren, dass ich dem Tod, dem Untergang ins Auge blicke und ihn als einen Teil des Lebens akzeptiere. (…) Es klingt fast paradox: Wenn man den Tod aus seinem Leben verdrängt, ist das Leben niemals vollständig, wenn man aber den Tod in sein Leben aufnimmt, wird das Leben grösser und reicher.»[36] Mit diesem Bewusstsein wirst du vermutlich keinen Tag älter, aber du lebst dein Leben ziemlich sicher intensiver.

Auch auf die letzte Lebensfrage gibt es – sogar von der Bibel her – keine Antwort. Es muss auch keine geben. Ich habe selbst erlebt, wie alte und junge Menschen ruhig und ohne Angst Abschied genommen haben vom Leben. Manchmal mit vagen Erwartungen, selten mit fertigen Antworten. In der Regel stirbt ein Mensch am Ende so, wie er gelebt hat. Ich würde das nicht wagen zu sagen, wenn ich es nicht so oft bestätigt gesehen hätte. Der Lebensweg eines Menschen ist wie die Fahrt in einem Ruder-

---

[36] Etty Hillesum (niederländisch-jüdische Lehrerin aus Middelburg [1914–1943]), Das denkende Herz der Baracke. Die Tagebücher von Etty Hillesum 1941–1943, hg. und eingeleitet von C. G. Gaarlandt, Freiburg i. Br./Heidelberg 1983, 125f.

boot: Man rudert auf etwas zu, was man nicht sieht, der Weg, den man hinter sich hat, bestimmt die Richtung. Und die Reise geht ins Ungewisse. Paulus schreibt: «Leben wir, so leben wir dem Herrn, und sterben wir, so sterben wir dem Herrn.»[37] Ich würde da gern einige Wörter ändern: «Leben wir, so leben wir mit Fragen, sterben wir, so sterben wir mit Fragen.»

[37] Römer 14,8.

4. Hat die Kirche noch eine Zukunft?

Im Anschluss an die Frage «Wie geht das?» gehe ich in diesem Kapitel auf die Frage ein, wie ich möchte, dass es ginge. In was für einer Kirche würden ich mich und – wie ich meine – viele Kirchliche und Unkirchliche mit mir sich zu Hause fühlen? Die Frage, ob das, was ich mir wünschte, in meiner Protestantischen Kirche der Niederlande[1] auch möglich wäre, lässt sich nicht mit einem Satz beantworten. Ich lade den Leser zunächst einmal zu einem kleinen Rundgang in und um die Kirche ein, um anschliessend den Schluss zu ziehen, dass es traurig um sie bestellt ist: Wenn alles bleibt, wie es ist, dann werden in wenigen Jahrzehnten nur noch die Rechtgläubigen zur Kirche gehören, der Rest ist ausgestorben oder ausgetreten.

Kann es auch anders gehen? Ja, das meine und hoffe ich, aber nicht ohne die Hilfe der Atheisten! Ich skizziere zum Schluss das Bild einer zukünftigen Kirche, von der ich träume.

[1] PKN, s. oben, 143, Anm. 6.

Ein Rundgang in der und um die Kirche

Wer in den Niederlanden einen Rundgang in der und um die Kirche macht, wird darüber nicht fröhlich. Von Neubauten ist schon seit langem kaum mehr die Rede, Kirchen werden geschlossen oder in Apartmenthäuser, Büros, Supermärkte oder Fahrradabstellplätze umgewandelt. Und in den Kirchen, die es noch gibt, laufen mehr Touristen herum als Kirchgänger.

Von Zeit zu Zeit wird eine Umfrage gestartet, aus der dann jeweils hervorgeht, dass sich seit der vorhergehenden Umfrage nichts Neues getan hat: Die Verödung der Kirche dauert unvermindert an. Die Menschen kommen ganz gut zurecht ohne Gott, jedenfalls ohne das, was in der Kirche Gott genannt wird. Alle Zeiger weisen in die gleiche Richtung: Über kurz oder lang wird es mit der Kirche zu Ende sein.

Wenn Menschen aufhören, an Gott zu glauben, dann glauben sie (…)
an alles Mögliche.[2]

Wenn man den Umfragen glauben darf, wird in den Niederlanden immer weniger geglaubt. Wenn das stimmt, ist das zugleich ein guter Grund, es nicht zu glauben. Es ist auch nicht so, denn laut den gleichen Umfragen müsste ja die Kirche im Kommen sein, denn das Interesse für «Religion» ist grösser denn je. Kirchliche Optimisten interpretieren dieses zunehmende Interesse als ein Zeichen, dass es noch immer Hoffnung gibt für

[2]   G. K. Chesterton. Das in der Regel Chesterton zugeschriebene Zitat stammt aus: Emile Cammaerts (1878–1953), The Laughing Prophet: The Seven Virtues and G. K. Chersterton (1937): «When men choose not to believe in God, they do not thereafter believe in nothing. They then become capable of believing in anything.»

ihren Gott. *Wishful believing* nenne ich das. In Wirklichkeit verwechselt man religiöses Interesse mit kulturellem Interesse für das christliche Erbe. Es handelt sich, wie letzteres Wort zeigt, um eine Hinterlassenschaft: Der theistische christliche Gott ist für die meisten Menschen längst tot, und der «lebendige» Gott wird immer unkirchlicher. Erscheinungen wie der «Etwasismus» sind ein Zeichen dafür, dass Menschen zwar von Gott, aber nicht von ihrem Glauben loskommen möchten.

Wer sich umschaut, sieht es selbst: Lesungen, Besinnungstage, Kurse, Theatervorstellungen und Konzerte werden gut besucht, Klöster und Retraitenhäuser haben Wartelisten, Kirchenbänke aber sind leer. Alles weist darauf hin, dass der Glaube nicht verschwindet, aber sich verändert und dass nicht Unglaube an der Tagesordnung ist, sondern vor allem Befremden gegenüber dem von der Kirche vorverpackten Glauben. Die Menschen glauben nicht mehr, was die Kirche lehrt, sie haben keine Lust mehr auf mundgerechte Häppchen. Sie stellen sich ihre eigene Glaubensmischung zusammen aus christlichen Elementen und Reinkarnation, Astrologie, Telepathie, Spiritismus, Yoga, holistischen Philosophien, theosophischen Ideen, Pendeln, Tarotkarten oder was immer. Es wird vielleicht nicht mehr so viel gelobt und gepriesen, aber es wird noch immer alles Mögliche geglaubt.

Inzwischen ist die Frustrationsgeneration à la Maarten 't Hart am Aussterben. Leute, die von der Kirche nichts mehr wissen wollten, haben Kinder gekriegt, die davon nichts wissen: Ein grosser Teil der niederländischen Jugend weiss nicht einmal annähernd, worum es im christlichen Glauben geht. Diese Unwissenheit hat den Vorteil, dass sie einem vorurteilslosen Interesse Raum gibt. Anders gesagt: An die Stelle der Frustration tritt Neugier. Aber man braucht kein Prophet zu sein, um vorauszusehen, dass die Neugier der Kirche keinen Zuwachs bringt. Überall wird nach Sinn gesucht, ausser in den Kirchen. Wie ist das gekommen?

Nach innen

Wer am Sonntag irgendeine Kirche besucht, weiss nach ein paar Minuten die Antwort: Da wird ein Ritual vollzogen, das sich seit dem Mittelalter kaum verändert hat: Kanzel, Orgel, Psalmen, liturgische Gewänder, alles ist immer noch wie einst. Stell dir einmal vor: Du bist noch nie in einer Kirche gewesen und eines schönen Sonntags wagst du den Schritt. Du hast dich noch kaum gesetzt, da läuft einer (der diensttuende Älteste) zum Mikrophon, der dir einen guten Morgen an diesem Sonntag «Exaudi» wünscht und den dazugehörigen Psalm ankündigt. Dann hat der Pfarrer das Wort, der dir hintereinander mitteilt: «Unsere Hilfe ist in dem Herrn, der Himmel und Erde erschaffen hat», und «Die Gnade unseres Herrn Jesus Christus sei mit euch». Da bist du doch schon wieder draussen, nicht?

In jeder anderen Organisation würde man sich Gedanken machen: Offenbar entspricht hier die Nachfrage dem Angebot nicht, könnte da etwas mit dem Angebot nicht in Ordnung sein? Müsste man den Kurs nicht ändern? Nicht so die Kirche, sie steht da und sieht zu. Die Frage, die auf der Hand liegt, scheint sie nicht zu beschäftigen. Ganz und gar verwunderlich ist das nicht. Die römisch-katholische Kirche demonstriert bei jeder neuen Papstwahl, dass sie nur eine Gangart kennt: den Rückwärtsgang. Die protestantischen Kirchen in den Niederlanden haben sich ein halbes Jahrhundert lang mit ihrem eigenen Annäherungsprozess beschäftigt, dem sich am Ende die PKN verdankt. Was sich in der Zwischenzeit in der Gesellschaft abspielte, scheint sie nicht bemerkt zu haben. Das kommt unter anderem auch in der neuen Kirchenordnung zum Ausdruck, die 2004 mit einigem Stolz präsentiert wurde. Wer sie durchblättert, wähnt sich in einer Zeitmaschine: «Ämter können nur durch bekennende Mitglieder ausgeübt werden. (…) Die Gemeinde ist aufgerufen, am kirchlichen Bekenntnis festzuhalten. (…) Die Kirche bekennt je und je in ihrem Feiern, Reden und Handeln Jesus Christus als Herrn und Erlöser der Welt und ruft damit auf zur Erneuerung des Lebens in Kultur, Gesellschaft und Staat.» Der Konservativismus scheint genetisch zu sein. Man halte sich bloss die Gegenstände der theologischen Diskussion vor Augen: die Gottheit Jesu, die Sühne – wer das mitverfolgt, bekommt bald einmal einen steifen Nacken vor lauter Rückwärtsschauen.

Von innen nach aussen

Wie die Kirche gegen aussen auftreten will und welche Vision sie von ihrer Zukunft hat, ist festgehalten in ihrer «Thronrede», die im Oktober 2005 erschien: *Leren leven van de verwondering – Visie op het leven en werken van de kerk in haar geheel*[3]. Der Anfang klingt vielversprechend: «Auch wollen wir uns ganz besonders auf jene Gruppen von Menschen ausrichten, die wir mit unserer jetzigen Art des Kirche-Seins nicht erreichen.» Aber schon bald riecht es nach Essig: «Viele Menschen halten diese (kirchliche) Gemeinschaft für unnötig; sie schöpfen selbständig aus allerlei spirituellen Quellen und geben dabei manchmal auch der Bibel einen Platz. Dieser individualistische Gottesglaube hat jedoch seine Grenzen. Der Glaube muss getragen werden durch eine breite Glaubensgemeinschaft, die durch Wort und Sakrament genährt wird.» Und alsbald wird die Katze aus dem Sack gelassen: «Denn bei aller Verschiedenheit innerhalb der Protestantischen Kirche geht es doch in der Pluralität der Kirche um das Bekenntnis zum Namen, der über allen Namen ist, Jesus Christus.» Wer so etwas liest, lässt doch sofort wieder alle Hoffnung fahren.

Das Dokument illustriert, dass die kirchlichen Fensterläden noch immer dicht verschlossen sind. Diese Sprache kommt bei der eigenen Anhängerschaft vielleicht positiv an, weil sie ihr vertraut ist, für einen Aussenstehenden jedoch ist das ausserirdisches Geläut.

Das Frontblatt der *Trouw* vom 23. März 2007 meldete unter dem Titel «Protestantische Kirchen sind nicht zufrieden mit IKON»: «Laut (…) dem Kirchenrat sollte IKON[4] gegenüber dem neu erwachten Interesse für Weltanschauung und Religion die protestantische Identität profilierter zum Ausdruck bringen.» Das ist doch, deutsch und deutlich gesagt, nichts anderes als Seelenfängerei. Denn was protestantische Identität ist, ist völlig klar: Jesus Christus ist unser Herr und Erlöser. Die Tatsache oder die Mög-

---

[3] Rapport der Protestantischen Kirche der Niederlande für die Generalsynode, Utrecht, September 2005: «Lernen, staunend zu leben – Perspektiven für das Leben und Wirken der Kirche in ihrer Gesamtheit» (September 2005).

[4] S. oben, 16, Anm. 2.

lichkeit, dass das neu erwachte Interesse just in eine andere Richtung geht, wird nicht einmal erwogen. Weitere Erläuterungen zur Weltfremdheit und Naivität der Kirche scheinen mir überflüssig.

Stellungnahmen in gesellschaftlichen und politischen Debatten kommen meistens erst dann auf die Agenda, wenn alle anderen sich schon geäussert haben oder wenn man aus Angst vor weiterem Mitgliederschwund nicht mehr länger schweigen kann.

In die Diskussion über *intelligent design* hat die Kirche sich nicht eingemischt. Die «Spezialisten» schwiegen, eine Unverschämtheit! Über Gott wird grundsätzlich nicht gesprochen. Fragen und Unsicherheiten werden abgetan mit dem Verweis auf Jesus. Derweil Jesus nichts anderes getan hat, als auf Gott zu verweisen.

Zurück nach innen

Innerhalb der Kirche bleibt unterdessen alles beim Alten. Alle «Erneuerungsversuche» haben nichts daran geändert, dass die Liturgie nur versteht, wer das Christentum mit der Muttermilch eingesogen hat. Für alle anderen ist das wie Cricket: lustig zum Zuschauen, aber niemand kapiert die Spielregeln.

Eigentlich hat sich nichts geändert und weist auch nichts darauf hin, dass sich etwas verändern wird. Das ist die Not und zugleich die Tragik unserer Kirche: Das Unvermögen, sich zu modernisieren, ist auch Widerspenstigkeit gegen den eigenen Willen. Die Kirche kann und will nun einmal nicht von heute sein, weil die, die das Sagen haben, die Rechtgläubigen, sich den modernen Tendenzen entgegenstemmen und alles so belassen wollen, wie es immer war. Das ist gewiss ihr gutes Recht, doch es verzerrt die Verhältnisse in der PKN, und was dabei herauskommt, ist immer dasselbe Lied: Die anderen müssen so lange Wasser in ihren Wein giessen, bis der rechte Vetoblock zufriedengestellt ist.

Aber das Lied wurde im Mittelalter komponiert, und die Menschen von heute verstehen es nicht mehr. Die Welt ist anders geworden, wir leben, denken und glauben anders als früher. Von der Mehrheit der Gläubigen kann man nicht mehr erwarten, dass sie zurechtkommen mit einer

Glaubenslehre, die vor mehr als vierhundert Jahren zum letzten Mal verändert wurde.

Am Ende unseres Rundgangs kann man leider nur zum Schluss kommen, dass da eine enorme Kluft besteht zwischen «innen» und «aussen». Zwischen dem, was sich innerkirchlich abspielt, und dem, was sich in der Welt tut. Die Kirche entfremdet sich mehr und mehr von den Fragen, mit denen sich die Menschen in unserer Gesellschaft beschäftigen. Schillebeeckx[5] bekommt recht: Nicht die Leute verlassen die Kirche, sondern die Kirchen sind nicht mehr zu finden, wo sich das reale Leben der Leute abspielt.

Es sieht düster aus. Die Kirche meint noch immer, eine Botschaft für die Welt zu haben, und will nicht sehen, dass die Welt von einer Botschaft gar nichts mehr hat. Und die Botschaft, um die es hier geht, dringt nicht durch. Die Frage, warum die Leute der Kirche davonlaufen, wird nie auf die Tagesordnung gesetzt. Geschweige denn die Frage, warum der Kirche keine neuen Leute zulaufen. Offensichtlich warten sie nicht auf «die Teilhabe an dem in Christus geschenkten Heil».

Unterdessen drängt die Zeit. Das durchschnittliche Alter der Kirchgänger ist hoch, dass ihre Kinder zur Kirche gehen, kommt relativ selten vor, Neueintritte sind Ausnahmen. Es bleibt uns noch die Zeit einer Generation. Man muss also das Steuer herumwerfen.

Doch ich fürchte, oder ich weiss, dass die Kirche das nicht aus eigener Kraft schafft. Um es freundlich zu sagen: Dafür kennen ihre Führungskräfte das Leben ausserhalb der Kirchenmauern zu wenig. In den Synodenversammlungen wird sich das bestimmt nicht ändern, Leute von aussen werden das Steuer übernehmen müssen. Und dabei denke ich nicht etwa an externe Büros, sondern an Atheisten ohne Wenn und Aber.

---

[5]   Edward Schillebeeckx, belgischer Dominikaner und Professor für Theologie (1914–2009); Berater des niederländischen Kardinals Bernard Alfrink auf dem Zweiten Vatikanischen Konzil; Mitverfasser des niederländischen katholischen Katechismus.

Im Gespräch mit Atheisten

Meines Erachtens ist niemand besser geeignet, der Kirche die Scheuklappen wegzunehmen, als ein Atheist, weil der wohl der Letzte wäre, der sich von der Kirche ein X für ein U vormachen liesse. Den Feind einladen? Am gleichen Tisch sitzen mit Leuten, die ihren Spott treiben mit Kirche und Glauben? Jesus hatte da keine Berührungsängste. Er sass mit Hinz und Kunz zu Tisch, und das führte, auf religiöser Ebene, fast immer zu einem positiven Ergebnis. Allein schon aus diesen Gründen ist es den Versuch wert, sich einmal über die eigenen Vorurteile hinwegzusetzen. Die Atheisten könnten schon mal den idealen Massstab abgeben für das, was die Verantwortlichen in der Kirche «neu erwachtes Interesse» nennen. In Kapitel 1 habe ich bereits nachgewiesen, dass die grosse Masse derer, die aus der Kirche ausgetreten sind, in Wirklichkeit Atheisten sind in dem Sinne, dass sie mit dem theistischen Gott der Kirche nicht mehr zurechtkommen.[6]

Weck die tote Christenheit / Aus dem Schlaf der Sicherheit[7]

Was ist von einem atheistischen Gesprächspartner zu erwarten? In erster Linie natürlich, dass er sagt: Gott gibt es nicht. Darin braucht ihm die Kirche nicht recht zu geben, es würde schon viel bedeuten, wenn sie aus seiner Behauptung eine Frage machen würde. Gibt es Gott? Damit würden die Menschen, die daran zweifeln, endlich ernstgenommen. Oder wenn sie

---

[6] Inzwischen ist der Prozentsatz der Niederländer, die sich zu einer kirchlichen Gemeinschaft zählen, gesunken auf 20 bis 25 Prozent. Das bedeutet ungefähr, dass zumindest drei Viertel der niederländischen Bevölkerung nicht an den theistischen Gott der Kirche glauben, also Atheisten sind, auch wenn sie sich nicht so nennen.

[7] Liedboek voor de kerken, Nr. 313: «Sonne der Gerechtigkeit».

den Kampf aufnehmen würde: Wenn es Gott nicht gibt, was bleibt dann übrig, was gibt es dann noch zu glauben? Der Atheist wird, rationalistisch, wie er ist, den Gläubigen gern konfrontieren mit dessen nüchternem Verstand. Glaubst du nun wirklich, dass Jesus über das Wasser gegangen ist? Das kann doch kein Mensch, folglich auch Jesus nicht. Glaubst du wirklich, dass Gott Liebe ist? Ist das derselbe Gott, der im Buch Hiob mit dem Teufel eine Wette abschliesst, der zufolge ein unschuldiger Mensch ins Elend gestossen wird? Und dein Gebet, glaubst du wirklich, dass da jemand darauf hört? Das sind keine angenehmen Fragen. Aber wer auf sein eigenes Leben blickt, wird wahrscheinlich erkennen, dass es gerade die schwierigen und manchmal schmerzlichen Fragen waren, die ihm weitergeholfen haben. Und meistens braucht es einen anderen, um dich die Dinge sehen zu lassen, die du lieber nicht siehst.

Im Kollektiv, «der Gemeinschaft der Kirche», ist das nicht so. Über viele Themen wird kaum gesprochen, geschweige denn, dass kritische Fragen gestellt würden. Wir sind uns unter uns ja einig und stellen unsere Tabus nicht zur Diskussion. Der Atheist tut das schon: Was heisst das, «Heiliger Geist»? Wenn niemand erklären kann, was damit gemeint ist, warum schafft ihr ihn nicht ab? Und wieso ist Jesus der Erlöser, wovon denn? Und wieso redet ihr von *dem* Evangelium, es gibt doch – zumindest – deren vier? Und warum soll sich Gott in Jesus offenbart haben und nicht in Buddha? Niemand weiss das. Prima, lassen wir doch den Zweifel und die Verlegenheit unter dem Teppich hervorkommen. Sie gehören auf den Tisch.

Die altertümliche Sprache, die in der Kirche als ganz normal gilt, wird bei den Atheisten auch keine Gnade finden. Ausdrücke wie «Brüder und Schwestern», «Verkündigung», «Visitation», «Schreiber», «Hirt und Lehrer», «Ordination» könnten ihrer Meinung nach durchaus aus dem Verkehr gezogen werden. Stell dir mal vor, du weisst von nichts und fragst: «Gibt es hier auch ein WC?» Und man antwortet dir: «Ja, neben dem Zimmer des Konsistoriums, dort, wo du den Kirchenrentmeister, der beim liturgischen Zentrum steht, mit dem Tertius des erweiterten Moderamens des Classis reden siehst.» Da hast du doch längst in die Hose gemacht.

Man hat manchmal den Eindruck, als kümmere es in der Kirche niemanden, dass die Form, die sogenannte Liturgie, einem Nichteingeweihten wie ein weltfremdes, archaisches Ritual vorkommt, um nicht zu sagen wie ein Kasperletheater. Man kann es einem Atheisten ruhig überlassen, zu allen Teilen der Liturgie Fragen zu stellen: der Anrufung, dem Kyrie und dem Gloria, dem Gebet vor der Lesung aus der Heiligen Schrift, den schwarzen Kollektensäckchen, dem Segen – will man damit in die Zukunft marschieren? Und kann man von einem denkenden modernen Menschen erwarten, dass er Psalmen singe?

Es darf auch ab und zu gelacht werden. Ich würde bestimmt auch Herman Philipse einladen. Er ist zwar ganz und gar kein sauberer Atheist[8], aber das macht er grossartig wett mit seinem Humor. «Atheisten sind nicht arrogant, sie denken nur besser nach»[9], was ist davon zu halten?

Und zum Schluss: Auch die christliche Tradition muss durch das Sieb. Aber das ist ein Kapitel für sich, im Falle dieses Buchs ein Abschnitt für sich.

Die christliche Tradition

Jeder von ihnen verändert entsprechend seinem Temperament die Traditionen, die er empfangen hat, so wie auch jener, der sie weitergab, sie verändert hat, als er sie sich zu eigen machte.[10]

Die Kirche hat das Gespräch nicht zu fürchten. Selbst ein Atheist wird die christliche Tradition nicht abschaffen wollen. Wenn er schon einmal durch Rom oder Florenz spaziert ist, ist ihm bewusst, dass man da kaum etwas versteht von dem, was man sieht, wenn man nichts weiss von dem

---

[8]   Im ersten Kapitel habe ich Philipse einen «Bastard-Atheisten» genannt. Nun bin ich schon wieder nicht so nett. Das ändert nichts – und ich sage das mit Nachdruck – an meinem Respekt für Philipse als Menschen und Gelehrten.

[9]   In: Harm Visser (s. oben, 35, Anm. 14), 89.

[10]   Tertullian, Kirchenvater, um 200.

Reservoir an Erzählungen, Vorstellungen, Ritualen und Bildern, die das christliche «Erbe» ausmachen.

Was aber würde passieren, wenn ein Mensch aus dem Mittelalter sich auf eine Zeitreise begeben und einen Spaziergang durch das heutige Rom machen würde? Er würde wahrscheinlich innerhalb einer Viertelstunde in den Abgasen ersticken. Wir sind anders als die Menschen des Mittelalters, wir sind mit der Luftverschmutzung aufgewachsen, wir wissen mehr, wir leben länger, wir essen anders, wir glauben anders. Und darum ist es nicht vernünftig, von einem heutigen Menschen zu erwarten, dass er sich ersticken lässt von mittelalterlichen Gottesbildern.

Hier also in Kürze die Botschaft oder Einladung an die Kirche: Sie sehe ein und gebe zu, dass Menschen sich verändern. Sie gebe den Menschen Spielraum, auf ihre je eigene Art mit der Tradition umzugehen, und helfe ihnen dabei. Sie erkenne, dass Tradition Menschenwerk ist und dass jede «höhere» Autorität, sei sie göttlich oder nichtgöttlich, eine von Menschen verliehene ist und dass Menschen von heute, was das betrifft, nicht weniger Rechte haben als ihre Vorfahren. Das aber wird die Kirche nicht ohne weiteres zugeben. Sie hat die Vergangenheit zu einer höheren Macht erhoben, indem sie in ihrer Lehre daran festhält, dass einst festgelegte Dogmen und Bekenntnisse unveränderbare Wahrheiten ohne Verfallsdatum seien.

Natürlich sind wir, was wir sind, grösstenteils durch das, was vor uns war, und für viele Gläubige gilt, dass der Kern ihres Glaubens zurückgeht auf das, was andere vor ihnen geglaubt, formuliert und überliefert haben. Aber das ändert nichts an der Tatsache, dass fast alle Bekenntnisschriften in der Hitze des Gefechts entstanden sind, also einseitig, konflikt- und zeitgebunden sind. Spätere Generationen können diesen Schriften nur gerecht werden, indem sie sie *cum grano salis* nehmen und durch das Sieb ihres eigenen Nachdenkens treiben. Und die Kirche sollte und müsste ihnen darin vorangehen. Statt antike Dokumente heiligzusprechen, sollte sie sich zur Aufgabe machen, den Menschen von heute in deren Sprache und anknüpfend an deren Kenntnisse und Erfahrungen darzulegen, was die Worte bedeuten, mit denen frühere Generationen ihre Erfahrungen wiedergegeben haben. Man muss also von der Gegenwart ausgehen, eine Kirche kann eine Tradition nur dann «lebendig» erhalten, wenn sie bereit ist zu zeigen, was diese Tradition für einen Menschen des 21. Jahrhunderts bedeuten kann. Solange die Evolution andauert, wird sich auch der Gottesglaube der Menschen verändern. Um nur *ein* Beispiel zu geben: Die meisten Gläubigen kommen wohl nicht mehr zurecht mit dem Artikel 28 des Niederländischen Glaubensbekenntnisses: «Wir glauben, dass, angesichts dessen, dass diese heilige Gemeinschaft eine Gemeinschaft aller Geretteten ist und dass es ausserhalb dieser Gemeinschaft kein Heil gibt, niemand, wes Standes und welcher Würden er auch sei, sich von ihr zurückziehen darf, um sich getrennt von ihr selbst zu erbauen, sondern dass alle gleichermassen gehalten sind, sich ihr zu verbinden und sich in ihr zu vereinen, und so die Einheit der Kirche zu bewahren …»

Dass «glauben» mehr und mehr zu einer Sache eigener Wahl geworden ist, hat dazu geführt, dass die Menschen mehr Mühe haben, die Tradition als Ganzes zu akzeptieren. Viele empfinden die Tradition als ein Bad, in das sie gegen ihren Willen getaucht wurden. Die alten Texte aber haben immer weniger zu tun mit der Wirklichkeit, in der wir leben. Die Kirche sollte darum zu einem selektiven Umgang mit der Tradition ermutigen. Und ihn möglich machen. Wenn sie wahrmachen will, was sie in *Leren leven van de verwondering*[11] erklärt – «Auch wollen wir uns ganz besonders auf die Gruppen von Menschen ausrichten, die wir mit unserer heutigen Art des Kirche-Seins nicht erreichen» –, dann muss sie damit anfangen, ihre Tradition für diese Gruppen verständlich zu machen, sie anzubieten als eine Art Wühlkiste, aus der jeder herausgreifen kann, was ihm gefällt. Das Wühlen selbst kann dem Individuum überlassen werden.

Rede ich da nicht einem grenzenlosen Subjektivismus das Wort, relativiere ich nicht zu stark, schmeisse ich nicht die Tradition zum Fenster hinaus? Ich glaube nicht. Die Wahrheit eines Textes wird doch erst Wahrheit, wenn sie deine oder meine Wahrheit wird. Lieber erlebte als objektive Wahrheit! Es hat doch keinen Sinn, etwas für wahr zu halten, wenn die Wahrhaftigkeit damit in die Klemme kommt. Lasst doch jeden selbst bestimmen, welche Elemente er sich eventuell aus der Wühlkiste holen will. Lasst ihn doch selbst prüfen, ob überlieferte Sprüche übereinstimmen

---

[11] S. oben, 177, Anm. 3.

mit seinen eigenen Erfahrungen. Und wenn nicht, dann stimmt etwas nicht – nicht mit ihm, sondern mit der Tradition.

Die Frage lautet deshalb nicht: «Bewege ich mich noch innerhalb der christlichen Tradition?», sondern: «Stimmt die christliche Tradition für mich?» Das ist keine Reklame für eine totale Unverbindlichkeit der Tradition, sondern einfach eine Einladung, sie gründlich zu untersuchen und dasjenige fallen zu lassen, was man nicht mehr leben und glauben kann. Man kann nur von Herzen ja sagen zu einzelnen Teilen der Tradition, wenn man darin etwas von seinen eigenen Erfahrungen erkennt.

Und da liegt die Zukunft der Tradition und meines Erachtens auch die der Kirche: Kontakt suchen zu diesen Erfahrungen und sich ihnen öffnen, eine Sprache und Bilder anbieten, die den Menschen helfen bei ihrem Versuch, ihre Erfahrungen zu deuten. Und dies nicht nur für Christen und Kirchgänger. Es gibt genug Menschen, die nie zur Kirche gehen, aber doch in Jesus ein inspirierendes Vorbild sehen.

Eine Tradition also für jeden nach seinem Geschmack: für die schon oder noch nicht ausgestiegenen Zweifler, für die frei herumlaufenden Sinnsucher und auch für Leute, die die Tradition nicht brauchen, um an Gott zu glauben, sondern nur, um gut vorbereitet durch Rom spazieren zu können.

The morning after

Was kann das Gespräch mit Atheisten bringen? Ein Gottesbild, das von allen Theismen befreit ist: Gott gibt es nicht und er kann dadurch wieder Gott sein. Die Antworten sind verschwunden, die zugrunde liegenden Fragen sind wieder sichtbar und für jeden erkennbar geworden. Die Liturgie ist auf den heutigen Stand gebracht und von allen Elementen, die einen Neuzuzügler abschrecken könnten, befreit worden. Es wird keine Kirchensprache mehr gesprochen, sondern die Sprache der Welt. Der Verstand muss nicht mehr geopfert werden, von niemandem wird mehr erwartet, dass er etwas glaubt, was sein Verstand für unmöglich hält. Sprache und Inhalt der christlichen Tradition sind auch für Nichteingeweihte zugänglich gemacht worden. Damit, meine ich, könnten wir durchaus eine Zukunft haben.

Ist das auch realistisch? Weiter oben habe ich davon gesprochen, dass die Rechtgläubigen innerhalb der PKN über mehr Stimmen verfügen als ihnen zahlenmässig zustehen. Das spricht, was den Umgang mit der Tradition betrifft, für sich. Es ist daher reichlich optimistisch zu erwarten, dass innerhalb des rechten Flügels[12] genügend Bereitschaft besteht, die Signale in Richtung Zukunft zu setzen. Laut ihrem Leitbild wird sie sich noch immer als Nothelferin sehen, die dafür sorgen muss, dass die Lehre der Reformation, so wie sie in den Bekenntnisschriften formuliert ist, erhalten bleibt.

Ich mache mir keine Illusionen. In den neunziger Jahren war ich Behördenmitglied der nationalen Vereinigung liberaler Protestanten[13]. In dieser Periode war, ausgelöst durch die Bewegung Samen-op-Weg («Zusammen unterwegs»), eine neue Kirchenordnung in Vorbereitung. Von liberaler Seite wurden einige Änderungsanträge eingereicht, die dahin gingen, «ausschliesslich» zu ersetzen durch «wenn möglich» oder «in der Regel». Kein einziger Vorschlag wurde angenommen. Ich habe damals am eigenen Leib erfahren, dass alle freundlichen Worte nur Finten waren: Andere Meinungen werden vonseiten der Rechten im besten Fall geduldet, im schlimmsten Fall verachtet, aber so oder so nicht ernstgenommen.

In *De Waarheidsvriend* («Der Wahrheitsfreund»), dem Wochenblatt des Re-reformierten Bundes, erschien am 15. September 2005 von Redaktor Vergunst eine Reaktion auf die Stellungnahme des Mitglieds der Synodalbehörde Plaisier, der auch mit den Liberalen im Gespräch bleiben wollte: «Hier ist die Kirche in ihrer Identität, ihrem Fortbestehen, ihrer Zukunft betroffen, hier steht der Name und die Ehre ihres Herrn auf dem Spiel.»

---

[12] Ich ziele auf den Gereformeerde bond tot verbreiding en verdediging van de Waarheid in de PKN («Re-reformierter Bund zur Verbreitung und Verteidigung der Wahrheit in der PKN»).

[13] Damals noch Vereniging van Vrijzinnige Hervormden («Vereinigung liberaler Reformierter») genannt.

Gütertrennung

Wenn nicht einmal ein Gespräch mehr möglich ist, was hat man dann noch gemeinsam unter *einem* Dach zu suchen? Ich mache aus dieser Frage einen Vorschlag: Geht auseinander! Damit habe ich nicht nur die Liberalen im Auge, sondern auch andere «Profile» wie zum Beispiel die sogenannte Middenorthodoxie («Orthodoxie der Mitte») oder die Bewegung Op Goed Gerucht («Das gute Gerücht»)[14]. Man unterscheide zwischen diesen Strömungen und dem kirchlichen Verbund, verbiete ihnen, im Namen aller zu sprechen, und lasse sie jede für sich selbst sprechen.

Auch das wird nicht von selbst kommen. In dem Blatt *Woord en Dienst* («Wort und Dienst») vom 27. Mai 2006 reagierte Plaisier auf die Idee von Erik Sengers, aus der PKN, die ja wegen ihres Pluralismus als Ganzes keine erkennbare Identität mehr habe, eine Holding mit starker Markenpolitik zu machen, folgendermassen: «Das ist gerade die Aufgabe der PKN auf ihrem Weg in die Zukunft: angesichts ihrer Pluralität der Einheit Gestalt zu geben. Einheit nicht als Addition der einzelnen Teile, sondern Einheit als das, wovon sie ausgeht. Die Pluralität soll nicht im Dienst der Verschiedenheit stehen, sondern im Dienst der Einheit (…) Die Einheit ist nicht eine Einheit des Betriebs, sondern eine eschatologische Gemeinschaft, die durch die Jahrhunderte hindurch auf dem Weg ist zur Einheit mit ihrem Haupt. Pluralität steht im Dienst des Zeugnisses für unseren Herrn und Heiland Jesus Christus. (…) Unsere tiefste Einheit ist nicht etwas, sondern jemand. Unsere tiefste Einheit ist in Christus.» Also sprach Plaisier.

Um die Pluralität gerade zu illustrieren: Ich bin mit praktisch jedem Wort von Plaisier nicht einverstanden, meiner Meinung nach steht er mit dem Rücken zur Zukunft.

---

[14] S. oben, 31, Anm. 9.

Für die Zukunft sehe ich keine andere Möglichkeit als eine Scheidung der Geister. Wenn das Wirken der Kirche weiterhin beschränkt wird durch eine konservative Zensur, dann geht ihre Entleerung weiter, bis nur noch ein rechtgläubiges Reservat übrig ist.

Die Frage, wie die Kirche organisiert sein soll, überlasse ich gerne den Spezialisten. Mir geht es einzig darum: dass die Pluralität echt ist und nicht nur ein Lippenbekenntnis. Die Rechtgläubigen können dann alles beim Alten belassen, die anderen können die Tür zur Welt und zur Zukunft aufmachen.

Die Kirche als Café-Restaurant

Über der Tür prangt ein Namensschild, aus dem hervorgeht, dass das Leben unser Begreifen immer übersteigt, dass hinter jedes Ausrufezeichen ein Fragezeichen gesetzt wird und dass Gott immer anders ist, als wir denken.

Drinnen geht es anders zu und her. Die Akzente sind verschoben: vom christlichen Glauben auf Religion und Spiritualität, von der Gemeinschaft auf das Individuum, von Antworten auf Fragen, von Verkündigung auf Besinnung, von Wahrheit auf Sinnfragen, von der Predigt auf Gespräch. Es ist Platz da für jeden, ungeachtet seines weltanschaulichen Hintergrundes. Aus dem Bewusstsein, dass niemandem geholfen ist mit einer Antwort, die er nicht selbst gefunden hat, liegt aller Nachdruck auf der Eigenverantwortlichkeit und dem Recht jedes Einzelnen, eine eigene Glaubenswahl zu treffen. Zweifel werden beachtet und respektiert als Ausdruck einer religiösen Haltung. Der Suchende darf suchen, der Ungläubige darf ungläubig sein.

Es wird auch anders kommuniziert. Es wird nicht gesprochen von Gottesdienst mit Liturgien, sondern von Zusammenkünften mit Programmen. Es ist Platz da für Dialog; Vortrag und Tischgespräch ersetzen die Predigt. Credo und Dogma sind tabu: Über Gott und Wahrheit wird nur in der 1. Person Singular gesprochen.

Ausdrücke wie «religiöser Tourismus», «Mischmaschreligion» und «Gott à la carte» werden hier nicht im pejorativen Sinn gebraucht. Im Gegenteil: Man wird gerade ermutigt, sich ein eigenes Glaubenspaket zusammenzustellen.

Jesus hat dabei – aus christlicher Sicht – hie und da zu leiden: Er kriegt jetzt den Platz, der ihm gebührt zwischen seinesgleichen wie Buddha, Sokrates, Konfuzius, Gandhi und Albert Schweitzer. Kein Gottessohn, kein auferstandener Versöhner, Erlöser oder Mittler, sondern ein vorbildlicher Mensch, Superhumanist, Weisheitslehrer, Wegweiser zum Judentum, Inspirator im Kampf gegen Unterdrückung oder was immer man will.

In meinem neueren Testament – oder erneuerten Testament – spielen Bekenntnisse und Dogmen keine Rolle mehr. (…) In meinem Konzept ist keine Rede mehr von Zwang und bindenden Vorschriften. Jeder Mensch ist frei, seinen eigenen Weg zu wählen.[15]

Im Innern der Kirche sieht es auch anders aus. Die Bibel liegt auf dem Büchertisch, neben dem Koran, der Veda, den Büchern des Dalai Lama und denen von Toon Tellegen und der Zeitung. Die Kanzel steht auf Rädchen und wird nur hereingefahren, wenn «nostalgische Gottesdienste» gehalten werden. Dann kann man eventuell auch den Schrank öffnen, in dem die Gesangbücher, Kollektensäckchen, Talare und Abendmahlbecher aufbewahrt werden.

An anderen (Sonn-)Tagen gleicht die Kirche eher einem Café-Restaurant: ein Ort, an dem ein jeder willkommen ist, der Verlangen nach geistiger Nahrung hat. Das Angebot ist breit und vielfältig: Vorträge, Diskussionsgruppen, Kurse, Musik, Meditation, Stille, Buch- und Filmbesprechungen, Kunst, Geschichten für Gross und Klein, Poesie, spirituelle Bastelarbeit und so fort. Ein Gericht fehlt: Antworten. Denn die Menükarte ist zusammengestellt im Wissen darum, dass glauben und leben mehr mit Fragen zu tun hat als mit Antworten. Jede Mahlzeit ist darum versehen mit einem Fragezeichen: Warum ist, was da ist, da? Was hat es für einen Sinn? Warum gibt es mich? Wer bin ich eigentlich? Wofür lebe ich und wovon? Was macht mich glücklich, was nicht? Wie gehe ich um mit Enttäuschungen, Liebe, Tod und anderem? Was hat Gott damit zu tun?

Das ist meine Kirche der Zukunft: Bereit, einen breiten religiösen Markt zu bedienen, bereit, ein Ort zu sein, wo nicht nur Kirchgänger sich zu Hause fühlen können, sondern wo auch Etwasisten etwas nach ihrem

---

[15] Cees den Heyer, emeritierter Theologieprofessor, in: ders., Het boek der verandering («Das Buch der Veränderung»), Amsterdam 2006, 163.

Geschmack finden, wo religiöse Singles sich mit zu Tisch setzen können, wenn sie keine Lust haben, allein zu essen, wo die religiösen Shopper ihre Einkäufe machen können, wo die Gläubigen «in der Schwebe» sanft landen können, wo christliche Minimalisten zumindest ein Glas kriegen, wo all die Leute, die, was Religion betrifft, nicht gleichgültig sind, ihre eigenen Fragen auf der Menükarte finden.

Eine Kirche, an die man glauben kann. An die ich glaube.

Anhang:
Eine Auswahl absichtlich vermiedener Wörter

Aleatorischer Materialismus, Alterität, Antinomie, Anthropomorphismus, Anthropotheismus, Autotheismus, axiologisches Gottesbild, basilomorph, bewusstseinsimmanent, Konkordismus, Kondeszenz, Kontingenz, deontologisch, disjunktiver Atheismus, doxologisch, ekklesiogene Neurose, enigmatisch, aporetisch, Agnostizismus, epistemologischer Reduktionismus, Fideismus, hermeneutische Phänomenologie, heuristische Fiktion, Kenosis, Lexem, mäeutisch, Metaphysik, narrativer Konstruktivismus, onomatopoetisch, ontotheologisch, Panentheismus, Pneumatologie, Präponderanz, semantischer Atheismus, *sensus fidelium,* sozialer Evidenzialismus, transzendentale Glaubensverantwortung, Sinnesmetaphysik

In den Himmeln ist ein Lachen ... (Psalm 2)

Worte des Dankes

Mein Dank gilt Gilbert Baudet, Christiane Berkvens-Stevelinck, Frans Brinkman, Nelleke Hendrikse, Myrthe Leydens, Ronald Meester, Damiaan Messing, Tonie Mudde, Annemiek Schrijver und Marian Siereveld, die mir bei der Arbeit über die Schulter geguckt haben.

Ich würde aber nicht allen gerecht, wenn ich sie in *einer* Reihe aufführe. Darum nenne ich Ronald noch einmal; auch Damiaan, meinem unerbittlichen und unermüdlichen Schreib-Coach, lasse ich gerne noch einmal einen Dank zukommen.

Meine Tochter Rike Hendrikse erwähne ich speziell. Sie ist von Anfang an bis zum Schluss meine treueste Anhängerin und meine strengste Kritikerin gewesen. Dank sei dir, liebes Rikchen.

Auch Harry Kuitert gehört nicht in diese Reihe (wie er denn überhaupt in keine Reihe gehört). Sein theologisches Denken hat mich mehr beeinflusst und angeregt, als ich sagen kann; sein Mut und sein Betroffensein sind mir stets ein Vorbild gewesen. Das gilt auch und nicht zuletzt für sein Stehvermögen. Ich weiss inzwischen, was es heisst, verschrien zu werden, aber was ich erlebt habe, steht in keinem Verhältnis zu dem, was sich – meiner Meinung nach zu Unrecht – an Negativem über Harry Kuitert ergossen hat. Zum Glück musste er nicht alles allein auffangen. Und darum nenne ich hier – sie ist allzu oft unerwähnt geblieben – auch seine Frau Inga. Was ich mit Worten nicht sagen kann, drücke ich aus, indem ich Harry Kuitert das erste Exemplar dieses Buches anbiete.

Ich weiss nicht, ob es üblich ist, dass Autoren sich auch bei ihren Herausgebern bedanken, aber der Enthusiasmus und die Ermunterungen von Pieter de Bruijn Kops, der verantwortlich war für die Publikation, will ich nicht unerwähnt lassen, wie auch seinen Beitrag zur vortrefflichen Zusammenarbeit.

Dieses Buch ist grösstenteils unter der spanischen Sonne zustande gekommen. Wenn ich an die Reinkarnation glaubte, wäre ich mir ganz sicher, dass ich in einem früheren Leben Priester oder zumindest Tempeldiener eines ägyptischen Sonnengottes war, denn ich bin ein geborener Sonnenanbeter. Und ich preise mich glücklich, dass ich mich noch nie fragen musste, ob es die Sonne gibt.

Aber sie scheint im wörtlichen wie im übertragenen Sinn nicht immer für jeden, auch nicht für mich. Es gäbe dieses Buch nicht, wenn da nicht Menschen gewesen wären, denen ich es zu danken habe, dass es hell blieb, auch als für mich eine dunklere Zeit anbrach. Tonnie Kostermans, Marian Siereveld und Leo Donkersloot sind der lebende Beweis dessen, was ich hier behaupte: dass es Gott nicht gibt, sondern dass er geschieht. Dank ihnen ist mein Gottvertrauen noch mindestens so stark wie damals, als ich dieses Buch begann. Gottlob.

Loed Loosen

Im Abschnitt «Noch einmal ein paar Worte über mich» habe ich geschrieben: Er hat vor allem als Theologe, aber nicht nur als das, dazu beigetragen, dass ich der wurde, der ich bin. Wer ihn gekannt hat, wird in diesem Buch bestimmt ab und zu sein «Echo» hören, wird ihn schmunzeln und – ich fürchte – auch den Kopf schütteln sehen. Ich kann mich nicht mehr bei ihm bedanken, er starb 2006. In mir – und zweifellos in vielen andern – lebt er weiter.